FRONTEIRAS DA LIDERANÇA

FERNANDO JUCÁ

FRONTEIRAS DA LIDERANÇA

Como cultivar
uma liderança mais humana
na era da inteligência artificial?

2024

Para a Paula, claro.

> Os melhores cientistas e exploradores têm as características das crianças. Eles fazem perguntas e têm um senso de maravilhamento. Eles têm curiosidade.
>
> Sylvia Earle

> Só ofereço possíveis maneiras novas de olhar as coisas. Convido o leitor a ensaiá-las por si próprio, a experimentar se, com efeito, proporcionam visões fecundas.
>
> José Ortega y Gasset – *Meditações do Quixote*

ÍNDICE

INTRODUÇÃO — 11
52 PROVOCAÇÕES! — 15

CULTURA DE APRENDIZADO CONTÍNUO — 17
1. Uma pergunta AI é diferente das outras? — 19
2. O que aprender xadrez nos ensina sobre aprender a liderar? — 21
3. Eu sei o que significa ser protagonista no aprendizado? — 26
4. Como fazer para um treinamento não trazer resultados? — 28
5. Por que há tanta distância entre nossas intenções e ações? — 31
6. Como os problemas e obstáculos podem nos ajudar? — 34
7. E se essa conversa sobre aprendizado for só mais uma moda? — 37
8. Eu contribuo para uma cultura de aprendizagem? — 39

AUTOCONHECIMENTO — 43
9. Quem é você? — 45
10. Por que às vezes não nos reconhecemos? — 48
11. Do que líderes têm medo? — 50
12. Precisamos mesmo do *feedback*? — 52

VIRANDO A CHAVE — 55
13. O que liderar não é? — 57
14. Comporto-me como um líder? — 60
15. Por que liderar é tão difícil? — 62
16. E se olhássemos o líder como um personagem trágico? — 64

17. O que crises podem ensinar a líderes? 66
18. E se todos na empresa se comportassem como líderes? 68
19. Será que realmente agimos de acordo com nossos valores? 71

CONSTRUIR RESULTADOS 73
20. Sabemos mesmo o que é estratégia? 75
21. Autonomia significa cada um fazer o que quer? 77
22. É possível dar conta de tudo? 79
23. E se ensinássemos técnicas de procrastinação? 81
24. Precisamos escolher entre intuição e razão? 83
25. E se víssemos o inovar com o olhar do viajante? 86
26. E se a alta performance fosse um carro de Fórmula 1? 88
27. E se as pessoas não estiverem nem aí? 90

COM AS PESSOAS 93
28. Para promover a diversidade, como lidar com o viés? 95
29. Como promover um ambiente de segurança psicológica? 98
30. Onde podemos aprender mais sobre engajamento? 100
31. As novas gerações são mesmo tão diferentes? 102
32. Como deturpar o processo de promoção de pessoas? 105
33. Como não fazer um "desligamento humanizado"? 106

COLABORAÇÃO 109
34. E se eu não sou gentil? 111
35. Por que precisamos falar tanto sobre empatia? 113
36. O que sabe um profissional que se comunica bem? 116
37. Qual a relação entre autoridade e colaboração? 119

RELAÇÕES DE INFLUÊNCIA RECÍPROCA   121

38. Você faz política?   123

39. Como explicar a importância das redes?   126

40. As empresas estarão sempre divididas em feudos?   128

41. E se me tornasse sócio do meu gestor?   130

42. Qual a diferença entre política e politicagem?   132

AUTÊNTICOS E INTEIROS   135

43. Que experiências foram essenciais na sua formação?   137

44. Um profissional com depressão desenvolve habilidades importantes?   139

45. Como os livros nos afetam?   142

46. O que você escreveria para seus filhos?   144

47. E se olhássemos de modo diferente os divórcios que já vivemos?   146

48. Qual o impacto da inveja?   148

49. Em que situação você se sente derrotado?   150

50. Esse papo sobre liderança humana é só um truque?   152

51. E se *work-life balance* for pouco?   154

52. Como queremos que seja o final da nossa jornada de liderança?   155

NÃO TEM FIM...   157

JÁ QUE NÃO TEM FIM...   159

VAMOS CONTINUAR CONVERSANDO?
UM POUCO SOBRE O AUTOR   163

RÁPIDOS E SINCEROS AGRADECIMENTOS   165

INTRODUÇÃO

Qual a ideia deste livro?

Sou consultor em educação corporativa e, diariamente, converso com líderes e equipes de diversas empresas. Juntos, exploramos as fronteiras do que é possível e desejável na liderança atual. Em uma dessas conversas, surgiu uma pergunta instigante: "Qual é o espaço para o humano hoje na liderança, em tempos de avanços exponenciais da inteligência artificial?"

Essa pergunta me estimulou, gerando mais perguntas e novos diálogos com colegas e comigo mesmo. Compilei essas reflexões em pequenos textos provocativos. Este livro contém 52 dessas provocações, uma para cada semana do ano. A ideia é que cada provocação seja digerida com calma, fomentando mais questões e discussões.

Se há algo que este livro deixa claro, é que liderar não é simples. Há muitos anos facilito *workshops* sobre liderança e nunca encontrei um líder perfeito. E não creio que eles existam. Os líderes mais inspiradores são aqueles que estão sempre fazendo perguntas para buscar se aprimorar. Como costumo dizer: não acredito em perfeição, mas em aperfeiçoamento.

Organizei as provocações por grandes temas, refletindo os desafios que líderes enfrentam. Mas essa classificação é flexível, dada a interconexão entre os assuntos. Pense nisso como um baralho de 52 cartas; você pode embaralhá-las como preferir.

Este livro não é um manual de procedimentos. A complexidade da liderança não pode ser reduzida a etapas sequenciais. Cada líder tem uma trajetória única. Compartilho minha jornada para convidar você a trazer mais reflexão e ação à sua, do seu jeito.

Algumas provocações são densas e sérias, outras mais leves e até irônicas. Cobrem temas desde estratégia e inovação até depressão e divórcios. Tudo misturado, pois não acredito em divisões muito rígidas. Coragem para sermos mais inteiros! O avanço da inteligência artificial é um convite para sermos cada vez mais humanos.

Por falar nisso, que tal trabalhar a sua AI Humana?

Ao ouvir a sigla AI, imediatamente pensamos em *Artificial Intelligence*. No entanto, proponho uma nova perspectiva: *Atenção e Imaginação*. Estas são as verdadeiras marcas de um líder eficaz hoje.

A capacidade de atenção possibilita uma conexão profunda e autêntica com nós mesmos, com os outros e com o mundo ao nosso redor. Ela nos orienta a estar presentes e conscientes, a melhor compreender e responder às necessidades do momento, e a manter uma percepção aguçada das mudanças no ambiente.

Por outro lado, a capacidade de imaginação estimula nossa intuição, permite conceber novas realidades e visualizar formas originais de crescimento de pessoas, equipes e organizações. Ela nos transporta das verdades atuais para as possibilidades futuras, sempre em busca do que pode ser.

Em resumo:

AI Humana = Atenção e Imaginação = Potencializar nossa inteligência natural!

Líderes com a AI Humana fazem constantemente boas perguntas e se inspiram a dar passos concretos. Ao ler as provocações de cada parte deste livro, tente observar como é com o exercício constante da atenção e imaginação que os melhores profissionais:

- Promovem uma cultura de aprendizado contínuo;
- Buscam o autoconhecimento;
- Entendem as dificuldades de virar a chave e se tornar um líder;
- Constroem resultados;
- Com as pessoas;

- De forma colaborativa;
- Por meio de relações de influência recíproca;
- E, durante essa caminhada, se posicionam como indivíduos autênticos e inteiros.

Já respondo agora àquela primeira pergunta que originou este livro: acredito que líderes que percorrem esta jornada terão sempre um espaço essencial nas organizações.

Concorda? Ao longo do livro, você refletirá sobre essa e muitas outras questões, todas estimulando o seu desenvolvimento como líder.

Aliás, não é por acaso que cada uma das 52 provocações traz perguntas. Uma pergunta é uma pérola feita de atenção e imaginação. Quando abraçamos as perguntas, ficamos menos sujeitos a consequências negativas da disseminação da inteligência artificial, que são, por exemplo, claramente já observáveis em mídias sociais: o reforço de vieses, o narcisismo autocentrado, a gradativa perda de nossa capacidade de focar com atenção e imaginar com curiosidade para agir no mundo real.

Em resumo, enquanto não pararmos de perguntar, continuaremos sendo humanos.

Bem-vindo!

Um momento, e a inteligência artificial? Líderes não podem se aproveitar de recursos como o ChatGPT?

Sim, líderes podem e devem usar essa tecnologia. Explico melhor.

Executivos reagem de diferentes maneiras a essa tecnologia revolucionária. Alguns a encaram com desdém, tratando-a como mera curiosidade ou "uma conversa para depois." Outros são tomados pelo medo do desconhecido, preocupados com a segurança de seus empregos. Há também aqueles que veem valor apenas na API do GPT, associando a ferramenta exclusivamente ao uso pela equipe de tecnologia para atender clientes ou gerir a folha de pagamentos. Essas posturas se traduzem em inação: seja por descaso, paralisia impotente ou desconexão.

Há uma quarta via, mais proativa e dinâmica. Profissionais que já se beneficiam da inteligência artificial em suas atividades diárias, agilizando processos e otimizando tarefas cotidianas, como redigir *e-mails* ou textos informativos, organizar e analisar dados, preparar apresentações, esboçar propostas e planos, entre outras atividades. Através de inúmeros aplicativos, têm utilizado recursos para gerar imagens, construir atas de reuniões e organizar agendas.

Mas creio que há um quinto caminho, que complementa o anterior: enxergar o ChatGPT não apenas como uma ferramenta, mas como um parceiro para refletir sobre o papel do líder e o exercício da liderança. Um verdadeiro mentor, capaz de alavancar nossa capacidade natural de observar com atenção e imaginar novas possibilidades.

Em outras palavras, o quarto caminho está relacionado a fazer as coisas de forma rápida e eficiente, enquanto o quinto caminho tem a ver com fazer as coisas certas como líder.

Há uma ampla avenida de evolução no quinto caminho. Em breve, será cada vez mais fácil interagir com a inteligência artificial de múltiplas formas, e é provável que recursos como o ChatGPT participem de reuniões de trabalho conosco, como um colega de equipe. Não seria ótimo conversar com ele sobre como podemos ser melhores líderes? A provocação número 21 deste livro exemplifica uma das possibilidades criativas do início dessa parceria, na qual a inteligência artificial potencializa nossa inteligência natural.

P.S.: Importantes discussões sobre privacidade de dados e protocolos de segurança no desenvolvimento de inteligências artificiais estão acontecendo no mundo. Esse debate é essencial. A proposta otimista de parceria entre homem e máquina não invalida a necessidade de cobrarmos que a OpenAI e outros competidores no setor lidem corretamente com questões éticas na criação de sistemas inteligentes.

52 PROVOCAÇÕES!

CULTURA DE APRENDIZADO CONTÍNUO

"Líderes promovem uma **cultura de aprendizado contínuo**."

Provocação # 1 – Uma pergunta AI é diferente das outras?

PERGUNTAS PODEROSAS!

"Algumas perguntas são melhores que outras." Provavelmente, você já ouviu essa afirmação em algum treinamento. Normalmente, essa frase vem acompanhada de uma "regrinha":

- Perguntas abertas são mais ricas que perguntas fechadas (cujas respostas possíveis estão restritas a opções definidas, como "sim" ou "não"). Portanto, perguntas poderosas feitas por líderes seriam sempre abertas, como: "O que podemos fazer para sermos mais inovadores?" ou "O que aconteceria se nosso principal concorrente lançasse um produto 10% mais barato que o nosso?".

Vamos refletir um pouco mais sobre isso. Será que é exatamente assim?

Eu penso diferente. Sugiro esquecer a regrinha acima e partir de um entendimento mais claro sobre o que uma pergunta poderosa proporciona.

Na minha opinião, perguntas poderosas de líderes são "perguntas AI", pois produzem alguns dos seguintes efeitos na nossa capacidade de Atenção e Imaginação:

a) Chacoalham o que achávamos que já sabíamos.

b) Direcionam nosso olhar para um território mental ainda pouco explorado.

c) Criam compromissos com a construção do futuro.

d) Estimulam novas possibilidades e perguntas.

Se seguirmos esse raciocínio, uma pergunta do tipo "De 0 a 10, o quanto você está comprometido com o plano de ações que desenhou?" está conectada ao efeito (c) e, portanto, é uma pergunta poderosa, apesar de ser fechada. Como costuma sugerir Herminia Ibarra, uma pesquisadora de liderança hoje ligada à London Business

School, líderes *coaches* usam muito essa pergunta para apoiar a discussão do real compromisso do *coachee* com a construção protagonista de um futuro almejado.

Outro exemplo de pergunta poderosa para *coaches*, trazido por Ibarra: "Quais são as coisas principais que você precisa saber para atingir seu objetivo?". Essa é uma indagação associada ao efeito (d); ela gera novas perguntas, apoiando o liderado a entender que informações deve buscar para construir uma análise mais realista do seu contexto.

Outro exemplo: "Você acha que um líder deve buscar eliminar as emoções para fazer melhor o seu trabalho?". Também me parece uma pergunta poderosa, apesar de ser fechada. Essa pergunta se conecta, pelo menos, com os efeitos (b) e (d). Pensando no efeito (d), quando uso essa pergunta em treinamentos, ela quase sempre provoca novas indagações dos participantes, como: "O que é emoção?", "Quantas emoções diferentes fazem parte do nosso trabalho?", "Qual é o impacto dessas emoções?", "É possível eliminar as emoções?".

Resumindo, proponho esquecer regrinhas e focar nos efeitos. Perguntas poderosas às vezes são fechadas, outras vezes abertas. E perguntas abertas podem ser tanto pobres quanto poderosas.

Uma pergunta aberta começando com "por que" pode ser pobre, se carregada de um tom acusatório: "Por que você fez aquilo?". Ou extremamente rica se explorar o sentido maior das nossas ações: "Por que você acredita que as pessoas podem aprender e evoluir?".

Talvez valha a pena refletir: o quanto você faz perguntas poderosas para seus pares, equipes e gestor no dia a dia?

O aprendizado não é algo que acontece apenas dentro de uma sala de aula. Tampouco é uma responsabilidade exclusiva de um departamento da empresa. Muito menos faz parte de um evento pontual isolado. Todo profissional é responsável por cultivar um ambiente de aprendizagem diariamente. Portanto, façamos mais perguntas!

Aliás, que perguntas você tem criado até agora com a leitura deste livro?

Provocação # 2 – O que aprender xadrez nos ensina sobre aprender a liderar?

XADREZ E LIDERANÇA: LIÇÕES SOBRE APRENDIZADO

Sou apaixonado pelo jogo de xadrez. Observo que nesse universo, como em muitas áreas do conhecimento, há uma nítida diferença entre a maneira como a maioria das pessoas tenta aprender e como os grandes mestres alcançam a excelência. Será que essas abordagens diferentes podem ser particularmente instrutivas para líderes que buscam desenvolver uma verdadeira *expertise* no ambiente corporativo?

O jeito comum de aprender xadrez

1. Decorar jogadas e armadilhas:

Muitas pessoas começam aprendendo xadrez decorando sequências de jogadas e armadilhas. Elas memorizam aberturas famosas, como a Defesa Siciliana ou a Abertura Ruy López, na esperança de surpreender seus adversários e garantir uma vitória rápida. Embora isso possa levar a alguns sucessos imediatos, esses jogadores muitas vezes se encontram em dificuldades quando seu oponente se desvia das linhas bem conhecidas.

2. Somente jogar para ganhar:

Outra abordagem comum é jogar cada partida com o único objetivo de ganhar. Para aumentar suas chances de vitória, esses jogadores preferem enfrentar adversários mais fracos, evitando desafios que possam resultar em uma perda. O foco está na triagem de adversários e na acumulação de vitórias, em vez de no aprendizado e melhoria contínuos.

3. Idolatrar grandes mestres:

Muitos aspirantes a jogadores de xadrez buscam inspiração em partidas e jogadas geniais de grandes mestres. Eles assistem a vídeos e leem livros sobre os movimentos de campeões mundiais como Magnus Carlsen ou Garry Kasparov, esperando que alguma parte da genialidade magicamente se transfira para eles através da observação.

A *expertise* em aprender xadrez

1. Entender princípios do jogo:

Em contraste, os grandes mestres colocam uma forte ênfase em compreender os princípios subjacentes do xadrez. Em vez de memorizar jogadas e seguir cegamente instruções de um manual, eles refletem e aprendem sobre a importância do controle do centro, o desenvolvimento de peças, a segurança do rei e a coordenação entre peças. Com uma base sólida nesses princípios, eles conseguem adaptar suas estratégias a diferentes situações no tabuleiro.

2. Jogar também para aprender:

Para os mestres, cada partida é uma oportunidade de aprendizado. Eles buscam desafios ao enfrentar adversários mais fortes, mesmo que isso signifique perder várias partidas. Através dessas derrotas, eles identificam suas fraquezas e trabalham continuamente para melhorar. Jogar contra jogadores mais habilidosos os obriga a sair de sua zona de conforto e a desenvolver novas capacidades.

3. Analisar as próprias partidas:

Os grandes jogadores analisam meticulosamente suas próprias partidas, especialmente as derrotas. Com o apoio de mentores e treinadores, eles revisam cada movimento, discutem alternativas e identificam erros estratégicos. Esse processo de análise rigorosa e *feedback* constante é crucial para o desenvolvimento contínuo e a construção de uma inteligência de jogo mais profunda.

Essas lições do xadrez têm uma aplicabilidade direta no aprendizado e desenvolvimento de líderes!

Consequências para o desenvolvimento de líderes

Líderes eficazes não apenas decoram "jogadas" ou regrinhas de liderança; eles entendem os princípios fundamentais da gestão de pessoas. Isso lhes permite compreender novas situações e gerenciar novos desafios com eficácia.

No ambiente corporativo, crescer significa buscar desafios significativos, mesmo que isso envolva riscos. Excelentes líderes não têm medo de enfrentar projetos difíceis nem de trabalhar com colegas mais talentosos. Eles veem os desafios como oportunidades de crescimento, não como ameaças.

E, assim como no xadrez, líderes de sucesso dedicam tempo para refletir sobre suas decisões, aprender com seus erros e buscar *feedback*. Eles se cercam de mentores e colegas confiáveis para ajudá-los a analisar suas ações e encontrar maneiras de melhorar continuamente.

Escrevi em 2016 um livro com o título *Expertise em Aprender*. E há mais de 10 anos a consultoria Atingire, onde atuo, vem trabalhando esse tema com líderes e equipes! Em todo esse tempo, só um fator se manteve constante na vida corporativa, a imprevisibilidade. E se é impossível prever como o mercado se comportará, então o que fará mais a diferença para o sucesso de pessoas e empresas é, sem dúvida, a *expertise* em aprender.

Uma pergunta provocadora: nos próximos 30 dias, você tem algum objetivo de aprendizagem relacionado a ser um profissional melhor?

Seja no xadrez ou na liderança corporativa, avançamos quanto temos a capacidade de aprender continuamente, buscar desafios e entender os princípios essenciais de nosso campo de atuação.

Uma mensagem simbólica

Discutir o xadrez no segundo capítulo deste livro também tem um peso simbólico importante. Hoje em dia, programas de xadrez com inteligência artificial conseguem vencer grandes mestres com facilidade. Mas, se isso é verdade, por que continuamos a acompanhar campeonatos entre humanos com muito mais interesse do que partidas entre máquinas?

Acredito que os entusiastas do xadrez preferem assistir a disputas entre humanos porque elas trazem uma dimensão única de sentimentos. Partidas entre humanos envolvem a luta pela superação e refletem diversos aspectos psicológicos, criando uma rica tapeçaria de emoções que vai desde a tensão e o nervosismo até a alegria da vitória e a desolação da derrota. Em resumo, há muito mais no jogo do que a simples força bruta do cálculo. É justamente essa fascinação pelo lado humano que este livro pretende explorar no contexto da liderança, mostrando a relevância de termos uma liderança ainda mais humana em tempos de inteligência artificial.

Exercitando a AI Humana!

Cada uma das provocações deste livro pode gerar perguntas que estimulam as capacidades de atenção e imaginação de líderes. Como estamos ainda na segunda provocação, listo abaixo alguns exemplos.

Exemplos de perguntas para estimular a capacidade de atenção:

- No ambiente corporativo, quais são os sinais que indicam que você está escolhendo projetos que são desafiadores o suficiente para promover seu aprendizado?
- Você dedica tempo para analisar as decisões e os projetos que não deram certo em sua equipe?
- Quais são os princípios fundamentais de gestão de pessoas que, mesmo de forma inconsciente, orientam suas decisões?

Exemplos de perguntas para estimular a capacidade de imaginação:

- Se você pudesse criar uma "partida ideal" de liderança, em que todos os líderes e colaboradores jogassem para aprender e não apenas para vencer, como seria essa partida e quais seriam suas regras?
- Quais seriam algumas novas abordagens inovadoras para transformar derrotas em oportunidades de crescimento para sua equipe?

- Em um mundo cada vez mais dominado por inteligência artificial, quais poderiam ser algumas novas formas de manter e valorizar a dimensão humana no contexto da liderança?

Nas provocações seguintes, também sempre incluí algumas questões. Mas a tarefa de expandir e organizar a lista passará a ser sua, caro leitor! Como costumo dizer, construir perguntas é um fantástico exercício para a AI Humana!

Provocação #3 – Eu sei o que significa ser protagonista no aprendizado?

QUE TIPO DE LEITOR VOCÊ É?

Esta classificação é uma versão humildemente adaptada de um ensaio do genial escritor alemão Hermann Hesse:

- O primeiro tipo de leitor se caracteriza por total imersão e dedicação; o conteúdo lido é assimilado integralmente. Este leitor, se quiser, consegue aplicar o aprendizado. Ele lê de forma cuidadosa e absorve cada detalhe, transformando a leitura em conhecimento prático.

- O segundo tipo de bom leitor dialoga com o conteúdo por meio de perguntas. Ele não apenas lê, mas interage com o texto: "Concordo com o que está sendo dito? Quais são as implicações? Por que o autor tem essa perspectiva? Como este texto conversa com outras referências que tenho?". Este leitor entende mais profundamente, analisando, comparando e avaliando. Ele tece relações entre o que lê e seu próprio conhecimento prévio, gerando *insights* valiosos.

- O terceiro tipo de leitor considera o texto menos importante em si, pois ele é apenas um ponto de partida, uma espécie de trampolim para diferentes perguntas. O que vale é o quanto o conteúdo impulsiona novas conexões, estimula ideias e possibilidades de ação. Este leitor cria, sozinho ou com outras pessoas, transformando-se em autor de suas próprias ideias. Ele usa a leitura como um gatilho para inovações e novas perspectivas.

Hesse nos alerta que os três tipos de leitor podem encontrar prazer e utilidade. O segredo é conseguir se comportar alternadamente como cada estilo, tirando o máximo proveito de tudo que um texto pode oferecer.

Creio que podemos aplicar o mesmo raciocínio a qualquer esforço de aprendizagem, não é? Lembro, por exemplo, da conhecida taxonomia de níveis de aprendizagem do psicólogo e pedagogo norte-americano Benjamin Bloom. Seu raciocínio traz semelhanças com os tipos de leitores de Hesse, estruturando a aprendizagem em níveis de lembrança, compreensão e aplicação (tipo 1 de leitor); análise e avaliação (tipo 2 de leitor); e criação (tipo 3 de leitor).

Pena que muita gente ainda ache que, para participar com qualidade de um treinamento corporativo, basta vestir parte da capa do tipo 1, como "um aluno anotando tudo". É pouco! O aprendizado corporativo só ocorre realmente quando aplicamos na prática o que compreendemos. Além disso, profissionais com *expertise* em aprender também sabem fazer perguntas provocadoras e se colocar como agentes criativos. Com atenção e imaginação, eles interagem com o conteúdo em múltiplos níveis, desenvolvendo um entendimento profundo e gerando novas ideias a partir do que aprenderam.

Vamos refletir sobre isso: como você pode tirar máximo proveito das provocações deste livro que você começou a ler? E como você se comportou no último treinamento de que participou? Que *insights* você teve na ocasião?

Provocação # 4 – Como fazer para um treinamento não trazer resultados?

UMA IDEIA DIABÓLICA

O fantástico livro The *Screwtape Letters*, de C.S. Lewis, apresenta a troca de correspondência entre um demônio mais experiente e seu sobrinho, que ainda está aprendendo a induzir as pessoas ao pecado. Na sexta carta, o autor irlandês expõe uma possível pergunta do demônio mais jovem para seu mentor:

– Mestre, minha missão é extirpar todo pensamento de bondade do ser humano, certo?

Então vem a ardilosa resposta do veterano:

– Não, meu caro aprendiz. Esse caminho desperdiçaria muita energia e seria pouco eficaz. Mais inteligente é manter os pensamentos de bondade nas pessoas, mas sempre confinados à fantasia e ao discurso. Em outras palavras, encha-as de lições sobre o bem, para que nem se lembrem de praticá-lo.

O mentor diabólico detalha sua proposta que, abaixo, traduzirei no contexto do desenvolvimento de líderes (e você pode adaptar para qualquer área da vida).

Todos nós organizamos nossas vidas em três círculos:

- O círculo mais externo é o da fantasia. Envolve as coisas que faríamos se tivéssemos os recursos, se a situação fosse ideal ou se os outros não atrapalhassem. Aqui estão também os devaneios sobre figuras supostamente super-heroicas.

- O círculo do meio é o do discurso: nossos valores declarados, decisões que supostamente tomamos, mas não implementamos.

- Finalmente, o terceiro e mais interno círculo é o dos hábitos: comportamentos adotados efetivamente e como nos relacionamos com quem está ao nosso lado no dia a dia.

O jeito mais fácil de enganar alguém e promover o autoengano é alimentar o círculo da fantasia. A pessoa faz declarações inflamadas sobre o que é certo e errado, aponta culpados, mas se exime de qualquer ação concreta que mude o *status quo*.

O segundo círculo também é ótimo para ludibriar os ingênuos, que se fascinam por discursos bonitos e malabarismos retóricos. As pessoas sempre confundem o que sabem com o que fazem. Nem percebem que a melhor oportunidade de aprendizado está na distância entre o que conhecem intelectualmente e o que praticam.

No segundo círculo, as pessoas se satisfazem com "resoluções de ano novo" e listas de compromissos, todas rapidamente abandonadas frente ao trabalho duro de concretizá-las.

Quer que um programa de liderança fracasse e, mesmo assim, receba aplausos? É fácil. Nos encontros, fale longamente sobre a história de grandes líderes, despeje muita teoria, discuta casos distantes do cotidiano. Fuja de qualquer atividade relacionada ao círculo dos hábitos!

No final, com olhos brilhando como quem acaba de comer um farto banquete, dirão: "Foi ótimo, agora somos líderes completos!" Sem perceber que, sem novos hábitos, tudo permanece igual.

Essa discussão é atual e importante. Educação corporativa não é sobre "quantidade de horas-aula", mas sobre reflexões que produzem mudanças de comportamentos!

Mesmo com essa premissa do foco na evolução efetiva, quando facilito um *workshop* com líderes e alguém do RH comenta que "valeu muito a pena", gosto de responder:

— Na verdade, não sabemos ainda. Só vai valer a pena se os participantes realmente cumprirem os compromissos que construímos hoje!

É cada participante, com seus passos no dia a dia, que justifica o investimento da organização em aprendizagem. É preciso AI: uma "Atenção" constante para as ações necessárias e a "Imaginação" inspiradora, que nos impulsiona em direção à conquista das possibilidades almejadas.

Como reflexões finais, deixo algumas perguntas:

- Por favor, lembre-se novamente da última iniciativa de educação corporativa da qual participou: você tomou algum passo concreto depois? Em caso negativo, por que não?

Provocação # 5 – Por que há tanta distância entre nossas intenções e ações?

VOCÊ CONHECE O CONCEITO DE *AKRASIA*?

Como sugeri na provocação anterior, acredito que o maior desafio na nossa aprendizagem como líderes é superarmos a distância entre o que sabemos e aquilo que conseguimos implementar na prática.

Nessa tarefa, um termo se destaca: *akrasia*. *Akrasia* é um conceito filosófico grego que descreve a situação em que sabemos qual é a melhor ação, prometemos agir, mas falhamos em ir ao encontro da nossa promessa.

Imagine um líder que entende a necessidade de cultivar um ambiente de trabalho inclusivo e baseado em relações de confiança, mas hesita em aplicar esses valores no dia a dia. Ou, ainda, um gestor que promete ter diálogos de *feedback* constantemente com a equipe, mas não consegue estabelecer isso como prática habitual.

Então, por que, mesmo com as melhores intenções, essas mudanças muitas vezes não acontecem? O que verdadeiramente provoca a *akrasia* no ambiente corporativo?

- Armadilha do imediatismo: a gratificação instantânea se sobrepõe aos compromissos anteriormente estabelecidos. Por exemplo, líderes se propõem a delegar mais tarefas, mas a execução individual e rápida pode parecer mais atraente em situações de estresse.

- Armadilha dos objetivos conflitantes: líderes podem ter metas inconscientes que se chocam com suas intenções declaradas. Um exemplo: o líder se compromete a praticar a escuta ativa, mas na prática acaba sendo sabotado pelos desejos inconscientes de manter o controle da conversa e ser visto como "um líder que sabe o que quer".

- Armadilha do desconforto diante do novo: sair da zona de conforto pode gerar insegurança. E os novos comportamentos precisam ser planejados, o que pode parecer muito cansativo, forçado ou inautêntico. Essas e outras questões relativas ao aprendizado podem levar líderes a recuar para comportamentos antigos.

- Armadilha das falsas justificativas: líderes, sem se dar conta, criam desculpas para manter comportamentos. Apenas um exemplo: líderes podem usar o correto argumento de que a perfeição é inatingível para sustentar o raciocínio de que, em função disso, qualquer esforço de mudança é fútil. Obviamente, essa é uma falsa justificativa que ignora o valor do progresso incremental. Há muitas outras falsas justificativas circulando nas organizações: "só não estou fazendo, porque ninguém está"; "não coloquei a minha intenção em prática porque descobri que não tenho o perfil necessário" etc.

Para evitar cair em todas essas armadilhas, gosto de me propor algumas perguntas. Quando respondidas, especialmente por escrito, creio que elas podem ajudar também outras pessoas a driblar a *akrasia* nas organizações.

Seguem alguns exemplos de perguntas:

- Para vencer a armadilha do imediatismo: quais os benefícios de médio e longo prazo para a sua liderança, a equipe e os clientes se você transformar a sua intenção de evolução em prática?
- Para lidar com objetivos conflitantes: o que você assume que perderá se colocar em prática a sua intenção? Essa crença se relaciona com quais desejos seus? Tudo somado, o que é mais importante: seus desejos inconscientes de controle e admiração ou o sucesso da sua equipe?
- Para minimizar o desconforto diante do novo: lembre-se de uma mudança que empreendeu na sua vida e que te trouxe muitos benefícios. O que essa experiência te ensina sobre processos de aprendizagem?
- Finalmente, para ajudar a silenciar as falsas justificativas:

como uma pessoa realmente protagonista se comportaria em relação a essa intenção de mudança que você identificou como valiosa?

Não é um processo fácil. Mas derrotar a *akrasia* é atualmente um dos potes de ouro em aprendizagem.

A inteligência artificial pode ajudar na identificação de necessidades de treinamento e sugerir planos de desenvolvimento de carreira personalizados. No entanto, os passos concretos têm que ser dados pelas pessoas. A verdadeira transformação depende da atenção de cada indivíduo e de sua capacidade de imaginar formas de superar a *akrasia*, implementando o conhecimento na prática. A máquina pode ser uma poderosa ferramenta de suporte, mas a ação deliberada e a determinação de fazer a diferença são insubstituíveis.

Provocação # 6 – Como os problemas e obstáculos podem nos ajudar?

VOCÊ PREFERE UMA BOLHA?

Sou pai de duas meninas, a Rafa e a Bruna, de 8 e 12 anos quando escrevo este livro. Um dia destes, minha esposa, movida pelo sentimento de proteção que todo pai e mãe conhece, disse:

— Puxa, como seria bom se magicamente pudéssemos evitar que nossas filhas passassem por todas as tristezas da vida...

Brincando com esse devaneio, percebo o quanto sou grato por ter vivido uma vida com segurança econômica e nunca ter enfrentado os horrores de uma guerra. Contudo, mesmo essa existência privilegiada não me poupou – como acontece com a maioria das pessoas da minha idade – de frustrações, decepções, separações, fracassos, problemas de saúde e perrengues de todos os tipos e tamanhos. Isso me fez refletir: "Se todo o sofrimento pudesse ser eliminado da vida das minhas filhas, eu toparia essa mágica?".

A pergunta pode parecer boba, mas ajuda a pensar sobre o que é resiliência, como ela se desenvolve e o que ganhamos com ela.

Para começar, os obstáculos nos ensinam, gradualmente, o valor do bom humor. O bom humor traz leveza, diminuindo a importância exagerada que muitas vezes damos aos acontecimentos. Ele nos livra da autopiedade e nos brinda com a capacidade maravilhosa de rir de nós mesmos.

Não conheço ninguém que tenha atingido o ponto – preconizado pelos sábios – de abandonar totalmente os fatores externos como fonte de felicidade. Mas, aos poucos, vamos entendendo que, se não controlamos o que acontece ao nosso redor, sempre podemos escolher como reagimos internamente. Há o caminho dos ombros curvados e da lamentação, mas também aprendemos que há a opção de respirar, arregaçar as mangas e olhar para a frente. Navegamos no paradoxo da combinação de resignação (pois nada nunca será como idealizamos) e ação (mesmo sabendo que a perfeição é impossível e que não controlamos o que acontece, damos um passo e oferecemos nossa contribuição, buscando fazer melhor na próxima vez).

Se tivermos sorte, desenvolvemos gradualmente uma atenção mais empática para quem está ao nosso lado, também buscando caminhar.

Outra grande dádiva trazida pelas tribulações do dia a dia é a sensação de conexão e reverência pelo que é maior do que nós: Deus, a natureza, os propósitos que construímos como profissionais, pais e cidadãos.

Em um *workshop* à distância da Atingire, consultoria em que trabalho, um líder disse que "resiliência é a capacidade de fincar os pés no chão e aguentar o tranco". Um colega complementou, citando a origem da palavra no universo da física dos materiais: "Resiliência é a qualidade de aguentar uma grande tensão sem ruptura, liberando depois energia e possivelmente voltando ao estado inicial".

Respeitosamente, pedi licença para sugerir outra perspectiva. Quando falamos de pessoas, a resiliência implica desenvolvimento, não imobilismo ou retorno. Resiliência é aprender com as adversidades e crescer com elas. Como disse o escritor argentino Jorge Luis Borges, todo problema é uma espécie de argila com a qual moldamos diariamente nossa arte de existir. Ao desenvolver mais resiliência e aproveitar seus efeitos positivos, promovemos um ciclo virtuoso e nos tornamos pessoas diferentes, acredito que um pouco melhores.

Em uma viagem de estudos da Atingire, visitei o Japão e interagi com consultores e líderes locais. Em uma dessas conversas, aprendi uma expressão linda: *wabi-sabi*. Esse conceito denota a beleza do que é impermanente e imperfeito e, portanto, único. Uma tigela de cerâmica com uma pequena rachadura pode ter *wabi-sabi*. Ela não é padronizada ou estéril; traz consigo a história de uma família. Nesse sentido, as "cicatrizes" que líderes adquirem em sua vida profissional são uma fonte de beleza, testemunhando ensinamentos conquistados ao longo da trajetória de vida.

No final das contas, é essa jornada de muitos aprendizados que desejo para minhas filhas. Não dá para colocá-las em uma bolha. E essa impossibilidade é uma boa notícia. Pois, se os livros ajudam a pensar, é só a vida que nos ensina diariamente as lições mais valiosas.

Você se considera uma pessoa resiliente? O que significa isso na prática? O que você tem feito para aumentar essa importante competência, tão conectada à nossa capacidade de aprender?

Provocação # 7 – E se essa conversa sobre aprendizado for só mais uma moda?

NADA MUDOU?

Tente adivinhar se as propostas abaixo fazem parte de um texto escrito antes ou depois do ano 2000!

1. Agressividade e ameaças não trazem benefício para o desenvolvimento das pessoas. Ao contrário, apenas promovem aversão ao aprendizado e alimentam a rebelião cega ou a mera obediência servil, ambos resultados indesejáveis.

2. Trate a pessoa de igual para igual, busque seu ponto de vista. Isso estimula mais o desenvolvimento do que simples lições. Quanto mais rápido tratarmos alguém como um adulto protagonista, mais rapidamente ele se comportará como um.

3. Onde não há desejo, não há dedicação. A curiosidade é o apetite para o aprendizado. Aquele que não incentiva, acolhe e respeita as perguntas da outra pessoa mata o desejo de conhecimento e o desenvolvimento.

Esses ensinamentos são inspirados no texto "Alguns pensamentos sobre educação", do filósofo inglês John Locke, escrito em 1693. Mesmo tendo sido escrito com foco na educação infantil, sua relevância é inegável na atual aprendizagem corporativa.

Líderes que adotam práticas de *micromanagement*, em que a autonomia e a iniciativa são restritas, frequentemente observam consequências negativas semelhantes às apontadas por Locke: falta de engajamento, obediência cega ou rebelião.

Por outro lado, o Google, uma das empresas mais inovadoras do mundo, adota princípios positivos bastante semelhantes aos defendidos por Locke. Colaboradores da empresa relatam a presença de uma abordagem que não usa agressividade ou coerção, mas promove um ambiente onde o desejo de explorar e aprender é altamente valorizado. Muitas das inovações mais famosas do Google nasceram dessa política.

Por que continuamos precisando aprender com um texto sobre educação escrito há mais de 300 anos? Locke nos lembra que o respeito, a curiosidade e o tratamento igualitário continuam sendo ingredientes-chave para o verdadeiro desenvolvimento, seja na educação infantil ou no mundo corporativo.

Vale refletir: como você pode aplicar esses princípios no seu ambiente de trabalho? O que isso poderia significar para a aprendizagem e o crescimento da sua equipe?

Provocação # 8 – Eu contribuo para uma cultura de aprendizagem?

ORGANIZAÇÕES SAUDÁVEIS APRENDEM

Diversas escolas de negócio ensinam que uma organização é a soma de várias partes: Marketing, Finanças, RH... Mas será que é isso mesmo?

Russel Ackoff, o genial consultor norte-americano, propôs um raciocínio iluminador. Se você tira um grão de um monte de areia, o monte continua lá. O monte de areia não é um sistema. De acordo com algumas escolas de negócios, as organizações parecem ser um monte de areia. Mas pense em um organismo humano. Ele é um sistema. Sozinhos, seus componentes não funcionam adequadamente. E se um dos componentes tem um problema, o corpo todo sente e pode até deixar de existir.

Sistemas não são a soma de suas partes. Sistemas são o produto delas. Eles são o resultado de relações de conectividade. Organizações são organismos, não montes de areia.

Contar os grãos de areia em um pequeno monte é uma tarefa complicada. Mas, com método e persistência, gradualmente avançamos em direção a um número exato. Tratar um problema em um organismo, por sua vez, é um desafio complexo. O repertório técnico pode até fazer a diferença, mas não há uma fórmula única que garanta o sucesso e múltiplos métodos contribuem com uma perspectiva complementar.

Nosso avanço, quando ocorre, é menos linear, porque muitas vezes aprendemos enquanto tratamos. E a cura não é um estado definido e definitivo, e sim um estado dinâmico de mais ou menos saúde, que deve ser sempre gerenciado.

Keith Grint, um importante estudioso de liderança, sugere que em problemas complexos precisamos adotar o mundo do artesão, em ciclos coletivos de experimentação e reflexão.

Precisamos assumir que ninguém tem a solução isoladamente e que problemas complexos são em si mesmos um sistema, não um problema individual ou um problema causado ou resolvido por um único aspecto do sistema.

Tudo somado, a mentalidade de liderança deve mudar de "como eu controlo o meu monte de areia?" para "que intervenções são necessárias para continuamente aumentar a saúde de todo o sistema?".

Alguns exemplos de intervenções sistêmicas de líderes são:

- Alinhamento claro e inspirador do propósito da organização e de valores éticos.

- Implementação efetiva de ambientes de segurança psicológica e de práticas cotidianas de *feedback*, para garantir o fluxo transparente de informações pelo sistema.

- Incentivo a uma mentalidade que combina autonomia e colaboração, apoiando o sistema a corajosamente inovar e produzir resultados em um contexto de mudanças constantes.

Acredito que todas essas intervenções se consolidam no que podemos chamar de "cultura de aprendizagem".

Um exemplo de como essa cultura de aprendizagem pode ser aplicada é por meio da prática do *feedback*. "Ah, mas na minha empresa nós já temos um processo formal anual de avaliação e *feedback*..."

Por favor, note a mudança de paradigma que este texto sugere. Em uma visão realmente sistêmica, o *feedback* deixa de ser apenas um mecanismo burocrático, passando a fazer parte de um esforço maior e integrado para garantir que o sistema tenha diariamente condições de lidar com o novo.

Os líderes da sua empresa entendem que seu papel mais importante é garantir a saúde do organismo, fortalecendo uma cultura de aprendizagem entre colaboradores, outros líderes, fornecedores e clientes? Como, na prática, você contribui nesse desafio? Não podemos nos esquecer: tudo o que líderes falam ou deixam de falar, fazem ou deixam de fazer, constrói cultura!

Se pelos corredores você desabafar reclamando que muitos clientes são "chatos", não adianta depois contratar uma palestra sobre a importância do foco no cliente! Ninguém se preocupará em pedir *feedback* para clientes, aprendendo e entregando o que é valor para eles. E aí, sim, essa empresa estará doente.

AUTOCONHECIMENTO

"Líderes promovem uma cultura de aprendizado contínuo e buscam o **autoconhecimento**."

Provocação # 9 – Quem é você?

O QUE ESQUECEMOS DE PERGUNTAR...

Caro líder, quem é você?

Depois de participar de centenas de programas de desenvolvimento corporativo, percebo que há quatro principais estratégias para ajudar líderes a responder a essa pergunta tão essencial.

Essas estratégias muitas vezes se cruzam e se complementam, mas cada uma oferece uma perspectiva única que, resumidamente, explicarei abaixo:

1. Tipos

Esta abordagem sugere que cada um de nós possui um conjunto de predisposições que se cristalizam em hábitos comportamentais. Por exemplo, alguns líderes são naturalmente mais controladores, enquanto outros possuem tendências criativas. Ferramentas como o DISC ou o MBTI são frequentemente usadas para ajudar os líderes a entender seu perfil dominante.

Exemplo prático: imagine um líder que tende a agir de maneira controladora e identifica isso por meio do DISC. Ao tomar consciência dessa tendência, ele pode começar a trabalhar em ser mais colaborativo e delegar mais responsabilidades, equilibrando seu perfil.

2. Personagens

Esta estratégia ajuda o líder a enxergar as narrativas arquetípicas que ele pode estar vivendo, como a vítima, o super-herói, o sábio, entre outros. Olhar para o passado permite identificar personagens frequentemente interpretados e como essas narrativas mudaram ao longo da vida.

Exemplo prático: um líder que sempre se posicionou como um super-herói pode perceber como essa postura, apesar de útil em grandes crises, pode causar esgotamento. Ele pode então buscar incorporar mais o sábio, promovendo a capacitação de sua equipe e uma liderança mais sustentável.

3. Cultura

Esta abordagem discute o impacto no líder dos valores e comportamentos compartilhados pela organização. Também explora como navegamos em uma rede de múltiplos desejos de outras pessoas – equipes que buscam mais apoio, gestores que ambicionam melhores resultados, pares que demandam mais colaboração e famílias que pedem mais dedicação, por exemplo.

Exemplo prático: um líder em uma cultura organizacional altamente competitiva pode perceber que está perpetuando comportamentos agressivos e desagregadores. Ao se tornar consciente disso, pode iniciar práticas que promovam colaboração e um ambiente de trabalho mais positivo com os pares.

Agora, a quarta estratégia, que acredito ser a mais importante para líderes executivos. É aquela que não pode ser deixada de fora de qualquer projeto de desenvolvimento.

4. Escolhas

A pessoa é, ou deveria ser, o agente de decisão de sua própria vida. Aqui, finalmente, perguntamos ao líder: o que você quer?

- Porque os TIPOS são tendências, não prisões. Temos um perfil dominante, mas isso não significa que precisamos ser dominados por ele. Podemos e devemos aprender a circular de forma mais flexível entre nossas diferentes potencialidades, e formar parcerias produtivas com pessoas de perfis complementares.

- Porque temos todos os PERSONAGENS e possibilidades dentro de nós. Se nossas narrativas evoluíram ao longo da vida, podemos mudá-las no presente, se assim desejarmos.

- Porque, embora a CULTURA impacte nossa atuação, também a construímos diariamente com nossas ações. E, mesmo navegando pelos desejos dos outros, temos a possibilidade de fazer isso de forma mais consciente e autêntica.

Será que não deveríamos dedicar mais tempo a explorar as perguntas realmente importantes trazidas pela quarta estratégia?

- Você quer mesmo liderar? Se sim, por quê? Que líder você realmente deseja ser?

Pois é, muitas vezes acabamos nos esquecendo do principal...

Provocação # 10 – Por que às vezes não nos reconhecemos?

CONSCIÊNCIA: UM ASSUNTO DE LÍDERES

Navegamos pelo mundo usando uma máscara de personalidade coesa, uma ilusão de totalidade. Porém, sob essa fachada social, há uma multiplicidade de partes em constante conflito pelo controle, uma busca incessante por harmonia. Nessa dança interna, poucas dores se comparam à agonia de testemunhar o domínio de nossas partes mais sombrias — o egoísta, o controlador, o arrogante.

Como brilhantemente sugeriu a escritora búlgara Maria Popova, a verdadeira maestria nas relações consiste em aceitar todas as partes de nós mesmos, em vez de projetá-las nos outros. Viver com consciência implica possuir todas essas facetas, sem ser subjugado por nenhuma delas, escolhendo com discernimento e calma qual delas se permitir manifestar.

O escritor inglês D.H. Lawrence captura esse raciocínio com grande precisão poética em seu credo pessoal:

> *Isso é o que eu acredito:*
>
> *Que eu sou eu.*
>
> *Que minha alma é uma floresta escura.*
>
> *Que meu eu conhecido nunca será mais do que uma pequena clareira na floresta.*
>
> *Que deuses, deuses estranhos, emergem da floresta para a clareira do meu eu conhecido e depois retornam.*
>
> *Que eu devo ter a coragem de permitir sua entrada e saída.*
>
> *Que nunca permitirei que a sociedade me imponha, mas sempre tentarei reconhecer e dialogar com os deuses dentro de mim e nos outros homens e mulheres.*
>
> *Este é meu credo.*

Essa provocação é relevante para líderes? Certamente, especialmente se considerarmos os estudos que sugerem que a "consciência" é um dos temas mais cruciais na liderança contemporânea. Existem inúmeras reflexões possíveis aqui. Por exemplo, você reconhece momentos em que a ira domina suas ações? Nestas ocasiões, você culpa os outros pela sua reação emocional prejudicial, ou consegue dialogar com suas próprias crenças, muitas vezes distorcidas, que alimentam essa explosão de raiva?

Ronald Heifetz, professor de Harvard, sugere uma prática chamada de *"go to the balcony"*. Este é um esforço consciente de se perceber liderando, uma metáfora para o momento em que um líder "vai para a sacada" para enxergar a si mesmo e ao seu entorno com maior clareza e perspectiva. Este exercício de autorreflexão ajuda os líderes a entenderem melhor seus sentimentos e padrões de comportamento, criando um espaço para crescimento e desenvolvimento pessoal.

Provocação # 11 – Do que líderes têm medo?

6 MEDOS DE JOVENS LÍDERES

1. Medo da inadequação: pensamentos como "será que sou o tipo certo de líder?" ou "e se eu falhar?" são comuns.
2. Medo da rejeição: dúvidas como "minha equipe vai me respeitar?" ou "serei admirado?" refletem esse medo.
3. Medo do conflito: perguntas frequentes incluem "serei capaz de ter conversas difíceis?" ou "como reagirei em situações desafiadoras?".
4. Medo da sobrecarga: preocupações como "serei capaz de lidar com tudo isso?" ou "e se a pressão se tornar insuportável?" são típicas.
5. Medo da perda de controle: exemplos incluem "como controlarei a qualidade do trabalho dos outros?" ou "e se descobrirem que não sei o que fazer?".
6. Medo da solidão: questões como "com quem poderei discutir minhas dúvidas?" ou "como será a relação com as pessoas que antes eram meus pares?" são comuns.

Para lidar com essas dúvidas, muitos líderes em início de carreira embarcam em uma jornada arquetípica de formação. Primeiramente, evocam imagens de coragem e determinação, inspiradas por pessoas ao seu redor ou por memórias antigas. Essas imagens sustentam gradualmente uma postura de comando e segurança. Com o tempo, os medos são deixados de lado (ainda que nunca esquecidos), permitindo que o líder aja com decisão em situações de risco. Sucessos iniciais reforçam esse ciclo de imagens evocadas, posturas e ações.

No entanto, esse processo, com o tempo, promove um modelo de liderança super-heroica. O líder sente-se pressionado a ter todas as respostas e desconfia da construção de relações autênticas de escuta e diálogo com a equipe, enquanto os liderados se conformam com essa postura, evitando a responsabilidade na tomada de decisões. Os resultados negativos para a empresa são vários, incluindo a pouca exploração de oportunidades de inovação, já que entrar no desconhecido pode ferir esse "acordo" entre líderes e liderados.

Como ajudar líderes que caíram nessa armadilha? Pedir que se mostrem mais vulneráveis é importante, mas pode ser insuficiente, pois muitos temem que isso reabra espaços para os medos que tentaram evitar. Simplesmente sugerir que escutem mais a equipe também não é eficaz; a ausência de diálogo é o "parceiro secreto" que acompanha a postura de comando: "se me mostro inseguro, me fragilizo perante a equipe", dizem vários líderes.

O caminho mais produtivo que temos adotado é ajudar líderes a ressignificarem suas imagens do que significa agir com coragem e determinação. Mostramos que líderes fortes são aqueles capazes de aprender continuamente para alcançar melhores resultados com suas equipes. Juntos, relembramos situações em que os líderes conseguiram mudar e os convidamos a ousar em novos experimentos de aprendizado. Reconfiguramos esse novo ciclo como o "heroísmo da aprendizagem"!

Verdadeiros líderes são heróis que conquistaram seus medos, aprendendo continuamente a liderar junto com as pessoas, escutando e se desenvolvendo com elas no dia a dia.

Provocação # 12 – Precisamos mesmo do *feedback*?

ESSE LÍDER TEM ESPELHO?

Você já se perguntou como seu comportamento é percebido por colegas de trabalho? Às vezes ouvimos: "não importa o que os outros acham de mim", como se a nossa visão fosse suficiente. Mas e se isso estiver errado, especialmente em relação à liderança?

Conheci um líder que se achava persuasivo e inspirador. Porém, a equipe o via como autoritário e pouco acessível. Um outro líder, incomodado com sua timidez, não sabia que sua disposição para escutar o tornava admirado pelo time.

Liderar é como se equilibrar em uma corda bamba. Nos vemos de um jeito, mas será que os outros nos enxergam da mesma forma? Aí mora o perigo (ou a oportunidade): quando a percepção da equipe, de pares ou do gestor é diferente da nossa autoimagem.

Se eles nos veem pior do que pensamos, podemos estar ignorando falhas e incapazes de construir confiança. Se nos veem melhor e não sabemos, deixamos de potencializar nossos pontos fortes e explorar novos caminhos.

Explorar essa divergência de perspectivas é crucial para crescer na liderança. É preciso buscar *feedback*, enxergar pontos cegos e ajustar o curso.

Muito se fala em "autoconhecimento". Mas autoconhecimento é mais do que um relatório comportamental que preenchemos e analisamos sozinhos. Não é algo conquistado de uma vez; é uma jornada contínua. Uma jornada que depende de uma ação colaborativa, pois, sem o espelho fornecido por outras pessoas, não entendemos nosso impacto, não calibramos nossas percepções e não evoluímos.

Vale ressaltar que o espelho é um recurso para nos tornarmos cada vez mais o líder que desejamos ser, de forma única e genuína. Buscar esse espelho não deve ser um exercício de conformidade social.

Quando o líder é meramente guiado pela necessidade de aceitação externa, corre o risco de sacrificar seus valores e princípios fundamentais.

Qual foi a última vez que você pediu *feedback* a alguém da sua equipe? E a um colega de outra área? Um *feedback* não é um *like* em mídias sociais. É uma conversa autêntica e verdadeira entre dois seres humanos.

Do outro lado, há pessoas que se beneficiam do nosso *feedback*. Não podemos fugir das "conversas difíceis". Realizei quase uma centena de *workshops* sobre isso. Em um ambiente franco, líderes admitem frequentemente cair na "empatia nociva" que a escritora Kim Scott menciona: tentamos "poupar as pessoas", sonegamos informações para o espelho delas e acabamos sabotando suas carreiras. Isso é um crime moral, não é mesmo?

Então, que tal começar agora? Peça e ofereça *feedback* de qualidade hoje mesmo.

VIRANDO A CHAVE

"Líderes promovem uma cultura de aprendizado contínuo e buscam o autoconhecimento. **Entendem as dificuldades de virar a chave e se tornar um líder.**"

Provocação # 13 – O que liderar não é?

EQUÍVOCOS SOBRE LIDERANÇA

Você já se perguntou por que alguns líderes parecem ser mais celebrados do que outros, mesmo quando não entregam os melhores resultados?

Esse é o ponto de vista de Martin Gutmann, um estudioso da história da liderança ligado à Universidade de Lucerna. Segundo Gutmann, os líderes que erroneamente valorizamos nas organizações são tipicamente aqueles que "fazem mais barulho".

Esses líderes são exageradamente confiantes, mesmo quando incompetentes, e fazem questão de se mostrar sempre ocupados, muitas vezes criando crises para se destacar.

O provocante professor (da University College London e da Columbia University) e pesquisador Tomas Chamorro-Premuzic ainda acrescenta: "adoramos confundir carisma com competência".

Nos programas de liderança da consultoria Atingire, onde trabalho, detalhamos e expandimos esse raciocínio, conectando-o a três equívocos comuns que alguns líderes cometem ao estruturar mentalmente sua atuação:

Equívoco 1: o modelo mental do *"Expert"*

Crenças: a melhor parte de ser líder é ter acesso a desafios técnicos maiores e mais interessantes. O líder é o mais qualificado tecnicamente e entende de tudo.

Padrão de ação: mostrar sempre que sabe muito, colocar a mão na massa e não delegar, pois "ninguém fará tão bem quanto eu".

Frase marcante: "Eu já tenho a resposta, deixa comigo."

Equívoco 2: o modelo mental do "Grande Comandante"

Crenças: liderar é fazer o pessoal trabalhar. O líder manda e o que vale são os resultados imediatos.

Padrão de ação: rédea curta, sem alívio. Esse é um momento de crise, mas o líder promete salvar todos.

Frase marcante: "Manda quem pode, obedece quem tem juízo."

Equívoco 3: o modelo mental do "Amigão"

Crenças: o líder é um amigo, deve proteger a equipe.

Padrão de ação: cuidar do pessoal, atenuar ou evitar cobranças.

Frase marcante: "Aqui nesta empresa é complicado, mas eu estou do lado de vocês..."

Refletindo sobre Liderança

Liderar não é fácil! O líder pode e deve compartilhar sua experiência técnica quando pertinente; pode, em momentos de crise muito aguda, atuar pontualmente como um comandante; e, eventualmente, pode ser um amigo. No entanto, usar essas abordagens como a essência da liderança é um erro. É confundir conceitos, é se deixar levar pelos desejos de *status*, controle e admiração. É, em resumo, não se tornar um verdadeiro líder.

O *"expert"*, que sempre "sabe tudo", não dá espaço para o desenvolvimento das pessoas. O "grande comandante" não acredita nelas. E o "amigão" não as desafia a ir além. Os resultados do *"expert"* são individuais. Os do "grande comandante" não são sustentáveis. E o "amigão" muitas vezes nem dá a devida importância aos resultados.

Além disso, falta uma atuação voltada para a construção do futuro, um ingrediente fundamental da liderança. O *"expert"* se apega ao que já sabe e não se abre para o novo. O "comandante" teme a incerteza. E o "amigão" prefere manter tudo como está.

E você, o que acha? Na sua experiência profissional, já viveu ou presenciou alguns dos três equívocos descritos?

A pesquisadora Raffaella Sadun, de Harvard, argumenta a favor de uma liderança mais silenciosa, que ela ironicamente chama de *boring management*. Esse líder sabe fortalecer uma cultura de aprendizagem, em que muitas pessoas contribuem construindo respostas. Entende que revoluções diárias podem dar boas manchetes, mas raramente promovem resultados sustentáveis. Acredita que apoiar não significa apenas dar tapinhas no ombro, mas sim ser claro no alinhamento de objetivos e nos processos de acompanhamento.

Provocação # 14 – Comporto-me como um líder?

UMA JORNADA PARA A VIDA TODA

Que indicadores posso utilizar para avaliar se realmente estou me comportando como um líder?

Escuto frequentemente essa ótima pergunta de jovens profissionais. Na forma de perguntas, seguem algumas sugestões de indicadores construídos em conversas com colegas líderes:

- Você investe uma parte significativa do seu tempo em uma agenda de liderança? Por exemplo: selecionando pessoas, tendo conversas de alinhamento e *feedback*, obtendo melhores recursos para o seu time etc. O líder é pago para apoiar as pessoas que fazem o trabalho, e não para fazer o trabalho sozinho. Como não me canso de dizer: "lemos os livros, aprendemos a utilizar um vocabulário sofisticado sobre liderança, mas, no final das contas, o que verdadeiramente importa é a agenda do líder".

- Quando alguém da sua equipe pede para conversar, você geralmente considera isto uma interrupção chata? Você costumeiramente tem receio de delegar? Você ainda busca impressionar sua equipe com sua capacitação técnica? Todas as questões exploram se você ainda está preso a valores de um contribuidor individual. Se respondeu sim para alguma das perguntas, ligue o sinal amarelo. Gosto muito de uma provocação, que escutei de um professor do MIT: "se eu tirar toda a sua *expertise* técnica, o que vai sobrar da sua liderança?".

- Quando alguém em uma festa te pergunta sobre sua profissão, ao invés de responder com sua formação acadêmica (sou administrador, engenheiro...) ou área de atuação (trabalho com marketing, finanças...), você diz: "eu atuo como líder de um time de pessoas"? Em outras palavras, você realmente entendeu que sua profissão é liderar?

- Você tem no bolso uma definição de liderança em que acredita? Conversa regularmente com essa definição, celebrando momentos em que efetivamente a viveu na prática? Uma definição não é apenas um exercício teórico, coisa de professor. Definições são uma baliza para nossa atuação no dia a dia, nada mais prático.

- A jornada para se tornar um verdadeiro líder é um caminho difícil e maravilhoso para toda a vida. Quem não compreendeu isso provavelmente não entendeu nada. Você acha que liderar é fácil? Ou com humildade e protagonismo tem continuamente concebido experiências de aprendizagem para se tornar um líder melhor? Uma vez, um gestor me propôs: "a qualidade de um líder é função direta da qualidade e quantidade dos *feedbacks* que ele recebe das pessoas com quem trabalha". Se você não tem recebido *feedbacks*, por que será que isso ocorre?

Infelizmente, muitas vezes um profissional é promovido sem ter nenhum suporte para entender o desafio de se tornar um líder formal de outras pessoas. Em outras ocasiões, é o seu novo gestor direto que continua tratando-o como um contribuidor individual e não como um líder de equipe. Finalmente, podem existir obstáculos culturais: há empresas que ainda valorizam apenas os fazedores e apagadores de incêndio. Essas são dificuldades reais na virada de chave, é justo reconhecer. Mas não podem ser desculpas. Que tal, então, usar este texto como apoio para uma boa conversa de realinhamento com o seu gestor?

Provocação # 15 – Por que liderar é tão difícil?

EMPRESAS SÃO FÁBRICAS DE LOUCOS?

Uma definição possível de loucura é "tentar caminhar simultaneamente em duas direções opostas". E, sim, a vida corporativa realmente pede que naveguemos entre opostos aparentemente irreconciliáveis.

Um exemplo clássico dessa dinâmica é a necessidade de controle *versus* a pressão por mais inovação. As empresas precisam estabelecer processos e procedimentos para garantir eficiência e eficácia em suas operações, ao mesmo tempo em que incentivam a criatividade e a capacidade de adaptação de seus colaboradores.

Outra polaridade presente nas organizações é a busca por resultados imediatos *versus* o investimento no desenvolvimento de habilidades e competências a longo prazo.

Em princípio, parece loucura mesmo, não é?

Mas, ao aplicarmos os princípios de *Polarity Management*, que propõe a gestão consciente de polaridades, podemos entender que a vida corporativa nos desafia justamente a conciliar opostos e a abraçar a complexidade. A mensagem é que polaridades são forças interdependentes e interconectadas, nas quais não se pode privilegiar um aspecto em detrimento do outro, mas sim buscar uma integração equilibrada entre eles.

Esse "navegar em paradoxos" é uma disciplina que nos ajuda a pensar melhor. Vou dar um exemplo. Na dinâmica empresarial, é comum que muitas pessoas enfoquem exclusivamente na "atividade", relegando a "passividade", seu oposto, a um papel a ser completamente evitado. No entanto, a passividade, entendida como a ausência momentânea de ação, representa uma condição essencial para a reflexão, sem a qual corremos o risco de nos envolver em atividades frenéticas, superficiais e desprovidas de consequências significativas. Essa (falsa) dicotomia entre "atividade" e "passividade" ilustra a importância de pensar de maneira mais abrangente, gerenciando polaridades em vez de adotar cegamente apenas um dos extremos.

Há dezenas de outras polaridades que nos convidam na vida corporativa a termos um olhar mais inteligente: leveza *versus* profundidade; rapidez *versus* participação; conceito *versus* prática etc. Só para ficar nesta última oposição, trazendo-a como mais um exemplo: não há uma escolha a ser feita entre teoria ou prática, como muitos erroneamente acreditam. Na verdade, um conceito nos fornece uma espécie de óculos que nos ajuda a focar e organizar nossa reflexão em torno do que vivemos. Sem esses "óculos", o líder caminha na neblina, não visualizando claramente os ensinamentos que a vida real traz. Como muitos filósofos já disseram, cada novo conceito que aprendemos é uma lente que se abre em nós sobre uma porção do mundo antes tácita e invisível.

Toda essa discussão é uma lição útil para toda a nossa vida. Por exemplo, como pais, nos vemos à volta também com tensões de opostos, como aquela entre proteger nossos filhos e, ao mesmo tempo, dar mais autonomia a eles. Portanto, empresas não são fábricas de loucos, mas talvez sejam escolas que formam pessoas mais maduras, capazes de lidar com as inevitáveis ambiguidades e contradições do mundo.

Como diz um amigo meu, loucura é alguém dizer que prefere "inspirar" ou que se sente mais à vontade "expirando". Ora, precisamos dessa tensão de opostos para fazer o que realmente importa, que é respirar!

Liderar também é domar paradoxos.

Quais principais paradoxos hoje você busca gerenciar no seu trabalho? Como você autoavalia a sua atuação?

Provocação # 16 – E se olhássemos o líder como um personagem trágico?

TRÁGEDIAS E LIDERANÇA

"Nossa, que tragédia...". Qual o sentido mais profundo dessa palavra que cotidianamente utilizamos? O que ela tem a ver com liderança? Na verdade, trajetórias de líderes reais muitas vezes parecem-se com as de heróis trágicos gregos, que eram tocados por forças divinas e navegavam entre conquistas e falhas. Essas narrativas oferecem lições úteis para nossos líderes modernos.

- Evite a *hamartia* e *a hubris*: na tragédia grega, a *hamartia* é um erro trágico ou falha fatal que leva à queda do herói, muitas vezes impulsionada pela *hubris*, ou excesso de orgulho e autoconfiança. Como líder, é essencial moderar a autoconfiança com humildade e autoconhecimento. Um líder que se torna excessivamente confiante em suas próprias habilidades ou visão pode ignorar os conselhos de outros e tomar decisões precipitadas, levando a possíveis falhas.

- Aceite o "capricho dos deuses": na antiguidade, os "caprichos dos deuses" eram responsáveis por eventos incontroláveis e imprevisíveis. Hoje, esses caprichos podem ser interpretados como o caos inerente ao nosso mundo. Apesar de todas as tentativas de minimizar o risco e prever o futuro, todo líder precisa aceitar que existem variáveis que estão além de seu controle.

- Qualidades em excesso tornam-se defeitos: na literatura trágica, os heróis frequentemente possuíam qualidades que, embora inicialmente fossem virtudes, tornavam-se seus defeitos quando levadas ao extremo. Lembre-se de que o excesso de qualquer coisa boa pode tornar-se um problema. Assumir riscos, por exemplo, é essencial para qualquer líder, mas muito apetite ao risco pode levar a decisões descuidadas. Manter um equilíbrio é fundamental.

- Aprenda com seus erros e evolua: no enredo da tragédia grega, há um momento de anagnórise, a descoberta dramática em que o herói finalmente percebe e entende sua realidade, muitas vezes seu erro ou falha. Esse é um momento essencial para qualquer líder: reconhecer e aceitar os erros, para, então, começar a traçar as correções. A revelação da anagnórise é seguida de um momento de catarse, uma espécie de "purificação emocional". Num contexto aplicado à liderança, a catarse representaria o estágio final após um erro grave. É o momento em que o líder e sua equipe conseguem superar as emoções negativas geradas por esse erro, aprendem a lição e seguem em frente com novas perspectivas e determinação renovada. A falha, portanto, torna-se um instrumento de aprendizagem e crescimento.

A percepção comum do "trágico" como meramente "muito triste" é simplista. A compreensão profunda do trágico, inspirada pelas tragédias gregas, envolve reconhecer as complexas relações entre falhas pessoais, destino imprevisível e a busca incessante pela aprendizagem e pelo crescimento após uma adversidade.

Na sua história como líder, quais os principais erros que cometeu? O que esses episódios te ensinaram?

Provocação # 17 – O que crises podem ensinar a líderes?

NAS CRISES A LIDERANÇA É AINDA MAIS IMPORTANTE!

Como exercer nosso papel de liderança em períodos reais de crise ou de intensas mudanças?

Uma sugestão é propor para nossas equipes a construção de um "contrato de liderança". Funciona assim: primeiro, o líder reconhece os desafios do time na crise e, com total atenção, ouve as pessoas. Depois, ele faz uma pergunta simples e fantástica: "O que vocês esperam da minha liderança neste momento?". Finalmente, o líder questiona: "E o que eu posso esperar de cada um de vocês para vencermos juntos nossos desafios?".

Esse rico diálogo se encerra com a consolidação, em uma foto ou um *slide*, de palavras-chave que resumem toda a discussão. Este "documento" então é resgatado periodicamente, alimentando novas conversas corajosas: "Como líder, estou indo ao encontro disso que vocês haviam dito que esperavam de mim? O que posso fazer de diferente e o que devo manter? E vocês, como se enxergam nesta jornada? Estão indo ao encontro do que combinamos? Há passos adicionais que juntos podemos dar? Vale a pena ajustar algum item do nosso contrato de colaboração?".

Outro exemplo de aprendizado das crises pode vir do real exercício da vulnerabilidade. Muito antes dos hoje famosos livros da pesquisadora e escritora norte-americana Brené Brown, estudiosos em liderança já discutiam o conceito de vulnerabilidade. Mas, mesmo após tanta divulgação, essa proposta talvez ainda seja mal compreendida por muitos líderes...

Em resumo, creio que vulnerabilidade significa reconhecer que nenhum de nós – líderes ou liderados – é perfeito. Vulnerabilidade implica então admitir o que ainda não sabemos, fazer perguntas, pedir ajuda, estar aberto para todo processo de aprendizado.

A vulnerabilidade não nos deixa mais fracos. Pelo contrário. Quando nos permitimos ser simplesmente humanos, ficamos mais fortes, porque alimentamos a construção de relações mais verdadeiras e a troca de ideias que possibilita a inovação e o crescimento.

Um comovente depoimento recente de um líder: "Puxa, foi necessária uma crise desse tamanho na nossa empresa, em que ninguém mais tem todas as respostas, para finalmente eu ter a coragem de demonstrar vulnerabilidade para minha equipe. O resultado? Sinto que hoje há claramente um ambiente de mais confiança entre nós".

Além disso, um fator crítico para a liderança em tempos de adversidade é a comunicação transparente. Em períodos de crise, a desinformação e os rumores podem causar pânico e ansiedade. Portanto, a comunicação clara e frequente é vital. Os líderes devem ser honestos sobre os desafios que enfrentam, as medidas que estão tomando e as expectativas para o futuro.

Uma experiência compartilhada por outro líder ilustra isso bem: "Durante a crise, decidi fazer reuniões diárias com minha equipe, mesmo que fosse apenas para dizer 'ainda não temos todas as respostas'. Foi surpreendente ver como essa prática simples reduziu o estresse e aumentou o senso de união e propósito. No final, o *feedback* unânime que recebi foi: 'Apreciamos sua transparência; isso nos deu clareza e nos manteve focados'".

No final desses debates, o mais interessante é que quase sempre fica um *insight*, ilustrado nesta próxima fala de outro líder: "Todas essas diversas práticas trazem resultados tão bons. Por que já não fazíamos antes da crise tudo isso que discutimos?!".

Dito de outra forma, cada crise, com seus gigantescos desafios, talvez seja também uma tremenda oportunidade para aumentarmos nosso repertório como líderes.

Na sua história como líder, quais as principais adversidades que você venceu? Quais boas práticas essas crises te ensinaram e você levou para a continuação da sua jornada de liderança?

Provocação # 18 – E se todos na empresa se comportassem como líderes?

POR QUE PRECISAMOS DE UM LÍDER?

Essa pergunta, essencial para qualquer organização, frequentemente causa perplexidade entre coordenadores e supervisores. As respostas mais comuns dividem-se em dois grupos conectados:

- Para que cada pessoa saiba o que precisa ser feito.
- Para que todos compreendam a visão e se engajem nela.

Mas será que é realmente por isso que precisamos de líderes no primeiro nível de liderança?

Concordo que liderar envolve deixar de fazer o trabalho sozinho, para direcionar e motivar a equipe. Para isso, o coordenador ou supervisor deve construir relações de influência com a equipe, pares e gestores. Essas respostas revelam parte da função do líder, mas apenas uma parte.

As duas perspectivas mencionadas possuem uma característica comum: ambas são verticais, de cima para baixo. Elas implicam que o líder sempre sabe o que fazer, qual deve ser o objetivo e como agir com eficácia. Consequentemente, os liderados permanecem dependentes do líder.

Vamos tentar outra resposta. Acredito que precisamos de um líder para que, no final, ele deixe de ser necessário! O trabalho do coordenador é gradualmente tornar-se prescindível.

Além das tarefas já descritas, a missão complementar do líder é proporcionar uma transformação significativa: estimular cada pessoa a encontrar o líder dentro de si. Em outras palavras, apoiar todos a adotarem o modelo mental básico da liderança, que é um alicerce para qualquer profissional.

Simplificadamente, esse modelo mental é estruturado assim:

Vivemos cercados por limites e restrições, coisas herdadas e acontecimentos fora do nosso controle. No entanto, o modelo mental da liderança envolve a convicção de que sempre há espaço para escolhas protagonistas. Consciente dessa possibilidade, o líder decide agir e assume responsabilidade por suas ações. Ele reconhece o contexto de restrições, mas não se vitimiza ("não posso fazer nada com tantas restrições"), não culpa terceiros ("a culpa é das restrições") e não se julga invencível ("eu posso tudo").

O líder faz escolhas e age, sempre ciente de que o sucesso total e a perfeição absoluta são inalcançáveis. As restrições, sempre mutáveis, estarão presentes. O modelo mental da liderança significa avançar mesmo quando todos desistiram, tornando a liderança heroica (mas não super-heroica). Implica também olhar para os outros com empatia e espírito de colaboração. Líderes não são as "estrelas máximas" do filme; são protagonistas na criação de ambientes colaborativos.

Liderar significa estar constantemente aberto ao aprendizado, apaixonando-se pelos desafios da vida corporativa. Uma palavra que o universo empresarial adotou e que abomino é "tolerância". Tolerar é insuficiente; é preciso fascinação pelo que é desafiador, diferente e único. Lembro-me de uma vez em que cheguei atrasado para uma entrevista com um presidente e, esbaforido, reclamei do trânsito. Ele comentou: "Não é incrível como, mesmo em uma cidade com milhões de habitantes, duas pessoas conseguem se encontrar? Fico maravilhado com a complexidade de gerir São Paulo".

Outro termo que merece atenção é "adaptação". Em muitas empresas, essa competência é valorizada, mas erroneamente confundida com uma "submissão às circunstâncias". Liderar de forma adaptativa é "dançar com as circunstâncias", um tango cocriado pelo líder enquanto se move.

A outra parte do trabalho do coordenador é ser um exemplo vivo deste modelo mental de liderança, discutindo-o frequentemente com sua equipe. Nesse processo, cada pessoa do time gradualmente passa a ser dona das suas próprias ações, colaboradora ativa na construção de uma visão de futuro coletiva, protagonista do seu próprio desenvolvimento.

Nesse cenário, a relação líder-liderado deixa de ser puramente vertical. Os líderes se tornam facilitadores de diálogos de alinhamento, provocadores de novas possibilidades e colegas praticantes do aprendizado contínuo. Esse modelo mental de liderança e sua disseminação não trazem respostas prontas, mas permitem que melhores respostas surjam diariamente. Porque o "eu sei" se transforma em "juntos nós iremos descobrir!".

No final, alguns liderados não precisarão mais de um coordenador. Eles desejarão se tornar um! E começarão uma nova etapa de aprendizado com essa evolução profissional.

Algumas reflexões: na sua equipe, as pessoas se colocam como vítimas? Gostam de apontar vilões? Tentam resolver problemas sozinhas como super-heróis? O que você pode fazer concretamente para ajudar cada pessoa do time a se comportar como líder?

Provocação # 19 – Será que realmente agimos de acordo com nossos valores?

PAPO RETO SOBRE ÉTICA

Esta narrativa é absolutamente real (sinal dos tempos, termos que fazer essa afirmação no início de um texto).

Relata a experiência de um grande amigo meu que perdeu o pai. A vida estava especialmente difícil para ele. Para agravar a situação, em um final de tarde, seu chefe o convocou. Ao explicar a necessidade urgente de corte de gastos na empresa, o chefe apresentou um novo procedimento de atendimento aos clientes – um processo que contrariava princípios éticos essenciais.

Naquela noite, meu amigo me disse que não conseguiu dormir um pingo sequer. No dia seguinte, ao confirmar que as novas orientações eram irrevogáveis, ele tomou a decisão de pedir demissão. A esposa, por mais ansiosa e preocupada que estivesse, o apoiou. No bar, eu me pus a aplaudi-lo. Puxa, com contas para pagar, filhas para criar... Quanta coragem!

Mas depois, enquanto refletia, comecei a questionar. Talvez tenhamos perdido o significado dessa palavra. A etimologia do termo coragem vem do francês *coeur*, que significa agir seguindo o próprio coração, mantendo seus valores intactos. Normalmente, conectamos a coragem a grandes proezas realizadas sob o olhar admirado de um público extenso. Mas, na verdade, a coragem é uma discussão silenciosa que ocorre, ou não, dentro de cada um de nós.

Meu amigo, ao ponderar sobre pedir demissão, compartilhou que se lembrou do pai:

– Talvez ele esteja me observando nesse momento lá de cima. O que ele gostaria que eu fizesse para honrar a educação que ele me proporcionou?

Contando esse caso para colegas, observei que muitos argumentam:

– Ah, Jucá, acho que o seu amigo foi na verdade ingênuo. As empresas podem até ostentar placas de mármore com seus lindos valores na recepção, mas na prática elas só querem ganhar dinheiro. Toda empresa é assim.

Ora, claro que empresas ambicionam o lucro. Mas as de real sucesso sabem que o que importa são resultados excepcionais e sustentáveis. E resultados desse tipo não virão se os colaboradores percebem que os principais líderes da organização são hipócritas. Ninguém aguenta mais "*bullshitagem*"; não é por acaso que essa palavra chegou com força ao nosso vocabulário cotidiano.

Demissões e aumento no *turnover* são apenas a ponta do iceberg. E os funcionários que ficam, mas completamente desiludidos e desengajados? E aqueles que não hesitam em enganar os clientes, já que percebem ser diariamente ludibriados pelos seus chefes? Como líderes corajosos deveriam se comportar aqui? O que você acha?

Sinal dos tempos termos que formular essas perguntas ao término de um texto, mas são questões essenciais para refletirmos sobre o tipo de liderança que queremos exercer e o impacto que desejamos deixar. Ser ético é internalizar princípios universais, em que todo ser humano é valorizado. Como líderes, precisamos ser os guardiões da integridade dentro das nossas organizações. A hipocrisia mina a confiança e corrói o engajamento. Para alcançar resultados realmente excepcionais e sustentáveis, devemos alinhar nossas ações aos valores que proclamamos.

Sim, a inteligência artificial pode ajudar a garantir que a empresa esteja em conformidade com regulamentações e políticas internas, minimizando riscos legais e éticos. Algoritmos podem identificar padrões incomuns e potenciais fraudes, protegendo a integridade dos processos empresariais. Mas nada disso adiantará se líderes não agirem eticamente.

CONSTRUIR RESULTADOS

"Líderes promovem uma cultura de aprendizado contínuo e buscam o autoconhecimento. Entendem as dificuldades de virar a chave e se tornar um líder. **Constroem resultados.**"

Provocação # 20 – Sabemos mesmo o que é estratégia?

ESTRATÉGIA NÃO É UM PLANO!

Depois de perguntar "o que é estratégia?" para milhares de líderes, posso garantir que a resposta mais frequente propõe que "estratégia é um plano". Infelizmente, creio que essa perspectiva é equivocada.

Um plano busca otimizar recursos disponíveis, com um olhar tipicamente voltado para dentro e para o controle. Já uma estratégia olha para fora, buscando influenciar clientes – atuais ou potenciais – e se antecipar a movimentos da concorrência.

Um plano tipicamente pode ser quebrado em partes cada vez menores, que podem ser gerenciadas de forma independente, com muita atenção aos inúmeros detalhes. Por meio de muitas planilhas, o plano não deixa nada de fora.

A estratégia, por sua vez, reflete um conjunto absolutamente integrado de escolhas. É um exercício de "deixar coisas de lado" em prol de mais foco. A força da estratégia está na construção de um todo coerente, comunicável por meio de uma única mensagem, simples e clara.

O planejamento foca na execução eficiente de tarefas, enquanto a estratégia oferece um mapa de navegação, trazendo uma visão de aonde a organização deve ir para se manter competitiva e alcançar sucesso sustentável.

Planejamento é o mundo da *expertise* e do aumento da segurança. Estratégia é uma aposta informada. E, se você e sua equipe não estiverem ansiosos, então não foram ousados o suficiente. Porque estratégia é um conjunto integrado de escolhas sobre onde concentraremos esforços e competências para vencer.

Um exemplo clássico:
- Uma empresa de *streaming* cotidianamente concebe e executa diversos planos: financeiros, de marketing, na área de RH etc.

- Mas uma decisão estratégica é quando a empresa decide alavancar sua base de clientes, tecnologias de recomendação e *expertise* em produção de conteúdo próprio para atuar de forma disruptiva no mercado de educação infantil à distância, depois de descartar outros caminhos de expansão.

O universo do planejamento provavelmente será cada vez mais habitado pela inteligência artificial. A máquina pode fornecer previsões financeiras mais precisas, ajudando gerentes a planejar orçamentos e identificar oportunidades de investimento. Pode automatizar a atribuição de tarefas, o monitoramento de progresso e relatórios, tornando a gestão de projetos mais eficiente. Mais: pode prever problemas potenciais em projetos antes que eles ocorram, permitindo uma gestão proativa.

Mas acredito que o pensamento estratégico continuará sendo liderado por humanos. Porque a estratégia não é apenas sobre dados e previsões. Ela requer intuição, julgamento e uma profunda compreensão das nuances humanas e das dinâmicas do mercado que as máquinas, por mais avançadas que sejam, ainda não conseguem captar inteiramente. Estratégia envolve empatia, ética e uma visão de futuro que considera não apenas o que é desejável, mas o que é moralmente sustentável.

Toda empresa faz muitos planos. Poucas realmente pensam estrategicamente.

E para você, o que é estratégia? Qual a sua definição? Que visão de futuro você construiu com sua equipe? Como essa visão impulsiona a construção de resultados? Líderes não podem se dar ao luxo de não ter respostas claras para essas perguntas.

Provocação # 21 – Autonomia significa cada um fazer o que quer?

UMA CONVERSA HISTÓRICA SOBRE AUTONOMIA!

Este é um diálogo fictício, construído com o apoio do ChatGPT. No texto encontramos dois personagens históricos: um filósofo da Grécia Antiga conhecido por suas ideias sobre justiça e sociedade e um líder militar, general de um exército europeu no século XIX. Juntos, eles exploram comigo alguns conceitos que no dia a dia tenho observado como relevantes.

Gosto de dizer que, sem um ambiente em que as pessoas fazem acontecer com autonomia, a estratégia não sai do papel. Mas é preciso entender o que significa autonomia...

Filósofo: – Caro autor, é um prazer discutir sobre autonomia contigo. Na minha filosofia, a ideia de autonomia tem raízes profundas na noção de justiça e na busca pelo bem comum na sociedade. Vejo a autonomia como a capacidade do indivíduo de agir de acordo com sua própria razão, mas sempre em harmonia com o bem-estar da comunidade.

Autor: – Concordo. No contexto corporativo atual, a autonomia é fundamental para promover um ambiente de trabalho colaborativo e inovador. No entanto, ainda há muita confusão sobre o que realmente significa autonomia.

General: – Permitam-me intervir. Na minha experiência como líder militar, percebi que a autonomia dos meus generais e oficiais era essencial para a eficácia das operações. No entanto, essa autonomia precisava ser balanceada com uma clara visão estratégica e objetivos bem definidos.

Autor: – Exatamente. A clareza de direcionadores é crucial para o exercício saudável da autonomia. Líderes precisam direcionar, não apenas ordenar, enquanto os colaboradores devem se envolver ativamente na definição dos objetivos.

Filósofo: – Interessante. Na minha visão, os objetivos individuais devem estar alinhados com o propósito maior da organização, refletindo uma ética de cooperação e busca pelo bem comum.

General: – Concordo plenamente. E, para que essa autonomia funcione de maneira eficaz, é crucial que haja um sistema de prestação de contas claro. Líderes devem delegar responsabilidades, enquanto os colaboradores precisam assumir a responsabilidade pelos resultados de suas ações.

Autor: – Sem dúvida. A *accountability* é o preço a ser pago pela autonomia. E essa "dança" entre líderes e colaboradores requer uma comunicação aberta e constante, garantindo que as prioridades estejam sempre alinhadas e que os recursos sejam utilizados de maneira eficiente para alcançar os objetivos acordados.

Filósofo: – Um diálogo fascinante, sem dúvida. A autonomia, quando exercida de forma responsável e em harmonia com os valores da comunidade, pode ser uma poderosa ferramenta para o crescimento e o sucesso de uma organização.

General: – Concordo. E você, caro autor, continue a promover essa discussão sobre a autonomia no ambiente corporativo. Afinal, é através do diálogo e da reflexão que podemos verdadeiramente entender e aproveitar o potencial da autonomia para alcançar resultados significativos.

Autor: – Muito obrigado aos dois. Suas perspectivas históricas acrescentaram uma riqueza única a esta conversa. Autonomia não implica o incentivo ao individualismo solitário, muito menos à anarquia do "cada um faz o que quer". Autonomia é justamente o contrário: empoderar as pessoas para que possam atuar de forma mais colaborativa e alinhada com seus gestores e pares. Acredito firmemente que, ao promover uma cultura de autonomia responsável, as organizações podem colher os frutos de uma equipe mais engajada, inovadora e eficiente.

E você, leitor, o que acha? Como tem praticado esse jogo?

Provocação # 22 – É possível dar conta de tudo?

AFINAL, O QUE SIGNIFICA GESTÃO DO TEMPO?

"Eu quero fazer um curso de gestão do tempo para ter mais controle sobre a minha vida, para ser capaz de dar conta de todas as demandas."

Esse depoimento, embora comum, retrata um objetivo profissional irreal e fadado ao fracasso. É até contraproducente, gerando uma enorme carga de ansiedade e frustração.

A realidade é que ninguém controla a vida; imprevistos inevitavelmente acontecem. Portanto, a única saída é ter sempre clareza sobre o que é mais importante. Gestão do tempo não é sobre tentar "dar conta de todas as demandas", mas sim sobre fazer escolhas conscientes e focar sua atenção naquilo que realmente constrói valor para você e para sua empresa.

Para lidar melhor com nossa agenda, precisamos aprender a priorizar. As emergências gritam e as tarefas rotineiras diariamente invadem nossa agenda. No entanto, só quem prioriza atua como protagonista, planejando como preservar blocos de atenção para o que realmente constrói valor. Isto implica negociar prazos, recursos e qualidade de esforço para as tarefas menos essenciais, atuando de forma estratégica.

Se você sempre responde *e-mails* imediatamente, você não é gentil, é ansioso. Não é produtivo, e sim reativo. Gestão do tempo tem menos a ver com produtividade no sentido tradicional e mais com garantir que seu dia tenha relevância e propósito.

A gestão eficaz do tempo significa criar espaço para que seu talento e criatividade – e o das pessoas que trabalham com você – possam ser direcionados, e não afogados em uma maré interminável de tarefas triviais.

Ficam muitas reflexões. Por exemplo, você tem clareza sobre quais são suas três principais prioridades no ano? E as pessoas da sua equipe? Essas prioridades estão alinhadas com os objetivos estratégicos da organização? Como você e as pessoas do seu time planejam suas agendas a cada semana?

Priorização não é engessar seu tempo, mas criar um mapa que guie suas ações. É reservar tempo para as atividades que realmente importam, aquelas que trazem resultados significativos. Só com priorização somos capazes de ajustar expectativas e ter a flexibilidade necessária para nos adaptarmos às mudanças. Sem priorização, a tendência é sermos engolidos pelo urgente, esquecendo o importante.

Em todo esse jogo, você não ganha se corre mais, mas se sabe preservar espaço para valorizar seu trabalho e o das pessoas ao seu redor. Construir resultados não é sobre encher o dia de tarefas, mas garantir que suas ações estejam alinhadas com seus objetivos mais importantes.

Provocação # 23 – E se ensinássemos técnicas de procrastinação?

AJUDANDO UM LÍDER QUE DESEJA PROCRASTINAR

Imagine só a cena: um líder deparando-se com um problema técnico, os especialistas internos soltando a solução praticamente mastigada, mas o chefão decide contratar uma consultoria externa. E aí, após meses de suspense, a consultoria apoia a solução inicial.

E lá está o líder, todo reflexivo: "Será que vou ter que sair da minha zona de conforto e tomar uma decisão?".

Calma aí, sem pânico! Aqui vão 4 dicas para aqueles líderes que desejam abraçar a procrastinação com estilo:

- Descubra qualquer falha mínima no relatório da consultoria. Um erro de digitação na página 56? Bingo! De leve, também comece a desprestigiar essa recomendação técnica, classificando-a como "apenas mais uma opinião entre muitas".

- Peça mais um estudo, afinal, nunca é demais, certo? Essa tática nunca falha. Como informações nunca são perfeitas, nunca cobrem todas as possibilidades e riscos, então sempre há espaço para mais relatórios.

- Se o assunto dos prazos vier à tona, ganhe tempo usando e abusando do gerúndio: "Estaremos estudando...", "Vamos analisando...".

- Finalize com chave de ouro: assuma a pose de líder diplomata, acusando de precipitado quem ousar questionar a demora da decisão. Se possível, construa um vilão, alguém que todos possam tachar de imaturo e impulsivo. De passagem, elogie o próprio tato político, enquanto estende a procrastinação com maestria.

E aí, funcionam essas dicas? Praticamente infalíveis, basta dar uma volta pelas organizações brasileiras para confirmar que a procrastinação é quase uma arte por aqui.

Pode ficar tranquilo: a decisão será empurrada para o seu sucessor!

Ironia à parte, ao ler esse texto será que você consegue enxergar melhor algum aspecto real da sua liderança ou da organização onde trabalha? Se sim, o que você pode fazer para influenciar a mudança desse cenário?

Provocação # 24 – Precisamos escolher entre intuição e razão?

DECISÕES RACIONAIS

É crucial reconhecer que a intuição tem o seu lugar no processo de tomada de decisão. Intuição e racionalidade não são conceitos opostos; pelo contrário, eles se complementam. A intuição pode atuar como uma bússola interna, guiando-nos em situações em que a lógica e os dados ainda não forneceram respostas completas. É especialmente valiosa em ambientes incertos e dinâmicos, em que a experiência acumulada e o *feeling* podem oferecer *insights* rápidos e precisos.

Com o advento da inteligência artificial, o papel da intuição se torna ainda mais significativo. Enquanto algoritmos e modelos analíticos podem processar uma quantidade enorme de dados em frações de segundos, a intuição humana oferece um entendimento contextual e emocional que as máquinas não conseguem atingir. Portanto, em um mundo cada vez mais habitado pela inteligência artificial, a intuição continua sendo um lugar privilegiado do humano, uma ferramenta essencial para complementar a racionalidade.

Mas o uso da intuição não exime o líder de construir e defender a racionalidade no ambiente de trabalho: uma tarefa complexa, mas essencial. A chave é não apenas defender nossas opiniões, mas também estar aberto a alterá-las quando confrontados com novas evidências. Como alguém já me disse: "é impossível construir uma argumentação racional para provar que um determinado curso de ação é a melhor opção, porque você já começou errado com a construção do argumento pela conclusão!".

Para você, ser racional é como explorar e fazer mapas cada vez melhores de uma região ou é como ser um soldado travando um combate para defender um território? Essa é uma indagação maravilhosa do livro *The Scout Mindset*. Na prática, muitas vezes todos nós infelizmente acabamos agindo como soldados, preocupados apenas em defender nossos pontos de vista.

Por que adotamos muitas vezes esse *"mindset* do soldado"? A norte-americana Julia Galef, autora do livro, sugere que o fazemos intuitivamente porque é gratificante instantaneamente. Ele serve a benefícios emocionais (exemplo: a autoestima derivada da aparente força que as certezas muito rápidas trazem) e sociais (exemplo: desde a escola infantil nos ensinam que a nota 10 é dada para quem melhor responde e argumenta, não para quem mais pergunta). Acrescentaria que muita gente infelizmente acha que tentar entender melhor a situação é apenas adiar a decisão. Não é, se for um esforço legítimo e inteligente de mapeamento (e não uma estratégia de procrastinação como aquelas descritas de forma bem-humorada na provocação anterior deste livro).

Há um diálogo maravilhoso em um livro de Agatha Christie entre um personagem e o detetive Hercule Poirot, sempre apresentado como um símbolo da racionalidade:

– Você sempre acerta a solução, é o melhor detetive do mundo. Como você faz isso?

– É porque eu aguento mais tempo a ansiedade de não ter a resposta certa.

Então, o que fazer para sermos mais racionais, estando mais abertos a diferentes perspectivas? Uma ideia interessante é, quando você fizer uma previsão ou formar uma crença, tentar pensar em eventos ou resultados específicos que eventualmente poderiam provar essa previsão errada.

Se você não consegue pensar em nenhum resultado que contradiga sua crença, pode ser um sinal de que está excessivamente confiante em seu conhecimento e talvez cego para potenciais vieses.

Para lidar com o viés e ser mais racional, é preciso questionar continuamente premissas e raciocínios. E convidar outras pessoas a nos ajudar nesse processo.

Lembro que meu pai, psiquiatra, me propôs uma charada quando eu era criança: "O que é mais importante para alguém escapar de uma prisão?". Tentei respostas variadas: "uma serra", "uma chave", "uma corda". Depois das negativas do meu pai, vem a resposta: "o mais importante para alguém escapar de uma prisão é ter a consciência de que está preso".

É verdade. Liderar e decidir com racionalidade significam constantemente desafiar nossas próprias crenças, estar aberto ao crescimento e resistir aos confortos do viés e do pensamento fechado. Além disso, reconhecer e integrar nossa intuição no processo decisório nos torna líderes mais completos e adaptáveis.

Que tipos de vieses você conhece? Você tem buscado aprender mais sobre vieses? Como você tenta diminuir o impacto deles em suas decisões no dia a dia?

Provocação # 25 – E se víssemos o inovar com o olhar do viajante?

VIAJANTES OU TURISTAS?

Você já esteve em uma reunião ou um *workshop* para discutir novas ideias em que, depois de fazer 2 ou 3 intervenções, alguém disse: "Ei, pare de viajar!"? Se sim, você sabe o quão frustrante isso pode ser. Mas o que responder nessa situação?

Para entender a importância de 'viajar', vamos comparar o modelo mental do 'turista' com o do 'viajante'. Veja a diferença:

Turista: Planeja meticulosamente para evitar imprevistos. Adora guias e obedece ao relógio. Para o turista, o imprevisto é um erro. Ele detesta se perder.

Viajante: Seu plano é apenas um esboço, permitindo espaço para imprevistos. Para o viajante, o imprevisto é uma oportunidade de aprendizado. Com paciência e bom humor, o viajante conversa e explora. E sabe que é essencial se perder para abandonar certezas.

Vamos considerar um exemplo prático: Jeff Bezos, fundador da Amazon, conhecido por adotar uma mentalidade de viajante, frequentemente fala sobre a importância de errar e aprender. Quando a Amazon lançou o Fire Phone em 2014, foi um fracasso comercial. Mas, em vez de ver isso como um erro fatal, Bezos viu como uma oportunidade de aprendizado, redirecionando esforços para o sucesso de outras iniciativas da empresa.

No *Design Thinking*, frequentemente usado em projetos de inovação, a postura de viajante é essencial. Empatia, colaboração e experimentação remetem diretamente à exploração do desconhecido e ao aprendizado pela experiência.

Mesmo na era da inteligência artificial, em que analisamos tendências e dados, a mente aberta do viajante descobre oportunidades inesperadas. Líderes com essa mentalidade testam hipóteses no mundo real, percebendo nuances que as máquinas podem não captar.

Em resumo, precisamos mais do que nunca da perspectiva de um viajante. Ferramentas tecnológicas são valiosas, mas a inovação real vem da mente aberta e criativa, pronta para aprender com cada erro e imprevisto.

Em linha com todo esse raciocínio, Ronald Heifetz, professor de liderança em Harvard, traz o poderoso conceito de desafios técnicos *versus* adaptativos. Problemas com soluções conhecidas são problemas técnicos. Um problema técnico pode ser resolvido por um especialista ou pessoa responsável. Eles não requerem liderança. Problemas adaptativos, por outro lado, não podem ser resolvidos por um especialista porque a solução é desconhecida. Eles exigem uma mudança em comportamentos, normas e formas de trabalhar enraizados, sendo, portanto, de natureza disruptiva.

No trabalho, somos recompensados por sermos "turistas": ter as respostas, ser inteligente, ser confiável e ser um solucionador de problemas técnicos. Essas coisas se tornam tão entrelaçadas com nossa identidade que, quando somos convidados a "viajar" no desconhecido, resistimos a abrir mão dessas partes de nossa identidade.

Na próxima vez que alguém disser "ei, pare de viajar!", sugira a leitura deste texto. Proponho também uma reflexão: como proporcionar espaços legítimos para as "viagens" do seu time? Como recomenda o conceito de liderança ambidestra, enquanto promovemos resultados no presente, é importante imaginar e construir o futuro.

Provocação # 26 – E se a alta performance fosse um carro de Fórmula 1?

SE UM PNEU FURAR, VAI SER DIFÍCIL DIRIGIR O CARRO

O que impede líderes e equipes de fazer acontecer e alcançar resultados excepcionais? Naturalmente, há toda sorte de barreiras, muitas externas, como a ação de concorrentes. Mas também encontramos obstáculos criados pelas próprias equipes, pela natureza de seu trabalho.

Veja se algumas dessas situações ocorrem em seu ambiente de trabalho:

- Falta de foco estratégico: "Estamos sempre apagando incêndios, correndo de um lado para outro"; "A verdade é que poderíamos explorar mais novas oportunidades, com uma visão mais clara de futuro".

- Ausência de diagnósticos eficazes, com uso de dados: "Aqui, as discussões ainda são muito baseadas em achismos"; "De modo geral, adotamos um olhar superficial e pouco sistêmico".

- Oportunidade de explorar diferentes alternativas de ação antes da execução: "Precisamos de mais protagonismo, continuamos muito presos a soluções tradicionalmente adotadas"; "Quase sempre estivemos pouco preparados para riscos que não antecipamos".

- Hiato entre decisões tomadas e a ação efetiva: "Não tivemos disciplina para executar o que combinamos"; "Faltou priorização e *accountability* ao longo da execução".

- Necessidade de aprender mais com as ações empreendidas: "Nossas reuniões de acompanhamento muitas vezes são momentos em que as pessoas apenas buscam se defender do que deu errado, em vez de colaborar"; "Não organizamos aprendizados, usando-os para alimentar novas possibilidades de construirmos o futuro".

Essas situações se relacionam a partes de uma engrenagem que deveria estar azeitada: saber aonde queremos ir, entender por que ainda não estamos lá, definir como avançaremos, executar o combinado e aprender com as ações realizadas.

Se há falhas importantes em qualquer desses elos, a máquina para de funcionar. É como um carro que tem um pneu furado: vai ficar muito mais difícil dirigi-lo.

Pensando na atuação da sua equipe, você identifica alguma oportunidade a partir deste texto?

Provocação # 27 – E se as pessoas não estiverem nem aí?

CHANGE MANAGEMENT À ITALIANA

Na gestão de mudanças, muitos apontam a dificuldade de lidar com os resistentes. Mas um enorme obstáculo para todo processo de mudança é também o silêncio obstinado dos indiferentes.

Mais jovem, vivi alguns meses perto de Roma. Lembro-me sempre de uma palavra italiana, sem tradução em outras línguas: *MENEFRE-GHISTA*. É a pessoa que, balançando os ombros, desdenhosamente murmura *"me ne frego"*, ou seja, "e daí? Que me importa?".

A existência dessa sonora palavra me serviu de alerta em vários momentos da minha vida profissional.

Mas por que uma pessoa não se importaria? Uma possível explicação é que ela vive um momento de *ABBIOCCO*, mais uma bela palavra italiana sem tradução, que significa aquela sensação de "preguiça confortável após um bom almoço".

Dica fundamental em processos de transformação organizacional: questione a letargia e saciedade dos indiferentes com uma descrição sedutora dos benefícios da mudança, invista tempo na descrição dos "pratos maravilhosos que você está propondo para o jantar".

Um outro caminho para mover os indiferentes vem de um terceiro vocábulo italiano sem paralelo em outras línguas: *MERIGGIARE*. Essa curiosa palavra descreve o prazer de estarmos descansando à sombra, durante as horas mais quentes do dia. Por que vou trabalhar agora, se posso deixar para depois?

Em gestão de mudança, isso justifica a dica de também deixarmos sempre claras, com cores fortes, as consequências negativas prementes para a organização se a mudança pretendida não ocorrer com a máxima rapidez!

Pois é, na gestão de mudança todo cuidado é pouco para as coisas não acabarem em pizza...

Na sua empresa, iniciativas de mudança organizacional apoiam a construção de resultados sustentáveis? Como a necessidade da mudança é comunicada? Que papel ativo você pode ter para melhorar a qualidade desse processo?

COM AS PESSOAS

"Líderes promovem uma cultura de aprendizado contínuo e buscam o autoconhecimento. Entendem as dificuldades de virar a chave e se tornar um líder. Constroem resultados **com as pessoas**."

Provocação # 28 – Para promover a diversidade, como lidar com o viés?

O CUIDADO COM OS VIESES NA SELEÇÃO DE PESSOAS!

Todos nós somos o tempo todo sobrecarregados com inúmeros *inputs* sensoriais. Há também tantas outras coisas que precisam ser lembradas. É muito material para processar, na busca de trazer sentido e transformar dados em informação. E ainda por cima temos que ser rápidos, pois somos chamados constantemente a tomar decisões. Ufa, como fazer?

Evolutivamente encontramos uma solução bastante eficiente. Em vez de percorrer o caminho mais longo, que envolveria extensas análises criteriosas, pegamos uma espécie de atalho mental. Esse atalho mental é justamente o viés, um fenômeno que já abordamos em outro contexto na provocação # 24.

Diariamente fazemos julgamentos utilizando esses atalhos mentais. Exemplo: se alguém tem um aperto de mão forte, já de cara avaliamos a pessoa como sendo confiante. Se essa mesma pessoa se veste de forma semelhante a nós, nos sentimos automaticamente mais à vontade. E, se temos um amigo em comum, aumenta a chance da criação de um ambiente de confiança entre nós. E por aí vamos navegando pelo mundo.

Mas se os atalhos do viés parecem inofensivos e são muitas vezes úteis, eles tristemente também acabam acentuando forças negativas entre as pessoas. O viés promove conclusões precipitadas; é uma fonte para a perpetuação de enormes injustiças e erros. O viés nos empurra apenas na direção das pessoas que percebemos como semelhantes a nós, alimentando preconceitos.

Esse é um assunto amplo e fundamental para empresas que buscam ser mais inovadoras e colaborativas. E, se o assunto é diversidade, o viés é uma questão mandatória. Como lidar com o viés para promovermos mais diversidade? Esta reflexão tem que estar continuamente alimentando nossas ações!

Vamos dar um exemplo, discutindo processos de seleção. Como lidar com o viés aqui? Seguem alguns possíveis caminhos, sem pretensão de "esgotar a lista":

- Reconheça que o viés potencialmente está sempre presente. Este é o humilde e essencial ponto de partida.

- Defina claramente quais competências estão sendo buscadas. Então, foque na busca de evidências sobre a presença dos comportamentos esperados no(a) candidato(a) ao invés de ficar limitado a "informações curriculares" (idade, formação etc.), que quase sempre alimentam estereótipos.

- Preste muita atenção a avaliações e conclusões rápidas. Nesse caso, ligue o alerta e busque evidências contraditórias na entrevista, questionando essas conclusões automáticas (na maior parte das vezes, infelizmente, fazemos o oposto, buscando e levando em conta apenas o que confirma nossos vieses).

- Questione o *status quo* o tempo todo; cuidado com crenças que são tidas como "dogmas". Vamos fazer mais perguntas! Por exemplo: nossos esforços de recrutamento reproduzem fórmulas antigas? Cada um de nossos critérios de seleção é realmente relevante? Podemos buscar de outras formas evidências dos comportamentos esperados?

- Use a tecnologia de forma consciente. A inteligência artificial pode ser uma ferramenta poderosa em processos de seleção, ajudando a analisar grandes volumes de candidaturas e a identificar perfis adequados. No entanto, ela também pode reproduzir ou até amplificar os vieses presentes nos dados com os quais foi treinada. Portanto, é crucial que haja supervisão humana para revisar e ajustar as decisões tomadas pela inteligência artificial, garantindo que não se perpetuem injustiças e preconceitos.

- Na condução do processo de seleção, envolva pessoas de grupos populacionais distintos, pessoas pensando diferente e com liberdade para discordar umas das outras. Vieses "odeiam" um bom debate!

E, por falar em debate, como você acha que pode incentivar as discussões sobre vieses na sua empresa? Com quem você hoje está conversando sobre vieses e a promoção da diversidade? Quanto mais aumentamos a convivência com pessoas diversas, mais ampliamos nossos modelos mentais e contribuímos para que outras pessoas façam o mesmo!

Provocação # 29 – Como promover um ambiente de segurança psicológica?

CONFUSÕES SOBRE SEGURANÇA PSICOLÓGICA

Tenho observado várias confusões em torno do tema segurança psicológica. Você vê algo parecido ao seu redor?

Muitas pessoas confundem um cenário de cordialidade (exemplo: "aqui nos respeitamos muito") ou até de amizade (exemplo: "a gente se gosta e cuida um do outro") com um ambiente de segurança psicológica. Segurança psicológica implica que o que precisa ser discutido – erros, diferentes perspectivas, ideias que rompem o *status quo* – é de fato debatido e investigado, e não escondido ou reprimido por receio de punições. Nada contra um clima de cordialidade ou amizade, claro. Mas é importante estarmos atentos: esse clima de gentilezas e afagos pode existir apesar da falta de segurança psicológica ou até mesmo para mascarar sua ausência!

Outra confusão está na palavra "investigação". Não adianta conversas francas se encerrarem com ciclos de defesa e autoproteção (exemplo: "pessoal, pode deixar que da parte de operações eu cuido, vocês não precisam se preocupar"). A prova de um ambiente de segurança psicológica é se o debate gera projetos coletivos de análise de erros ou exploração de oportunidades.

Profissionais frequentemente afirmam que um ambiente de segurança psicológica é aquele em que as pessoas se sentem à vontade para pedir ajuda. Esse raciocínio é verdadeiro, mas precisa ser complementado com uma postura de *accountability* em buscar soluções e agir! Do contrário, corremos o risco de criar um cenário em que pedidos de ajuda são continuamente ignorados, transformando-se em reclamações vazias. Todos passam a jogar pedras na vidraça enquanto se declaram impotentes para lidar com os desafios. Sem responsabilização protagonista, não há um verdadeiro ambiente de segurança psicológica!

Finalmente, produzir um ambiente de segurança psicológica não é tarefa somente do líder; é um desafio de todos, líderes e liderados! Se você é um líder, reflita: como você tem provocado cada pessoa da sua equipe a contribuir diariamente para a construção de um ambiente de segurança psicológica?

Essas são as principais confusões sobre segurança psicológica que tenho observado nas empresas. E você?

Provocação # 30 – Onde podemos aprender mais sobre engajamento?

ENGAJAMENTO É UMA QUESTÃO DE ASTROLOGIA?

Calma, não vou defender a astrologia. Até porque centenas de estudos já demonstraram que ela carece de qualquer base científica. De passagem, um exemplo: muitos acham que os signos do zodíaco podem ajudar a entender a personalidade de alguém. No entanto, uma pesquisa recente com mais de 170.000 participantes mostrou correlação zero (zero!) entre as propagadas características dos signos e a avaliação de cada pessoa em testes de personalidade comprovados.

Além da ausência de evidências que a sustenta, cabe destacar que consultar a astrologia não é um costume inofensivo. Outros tantos estudos argumentam que a crença nessa prática é a porta de entrada para histórias cada vez mais injustificadas, criando uma espiral de irracionalidade. Além disso, a astrologia fomenta uma série de perigosos vieses: "ih, ele é de tal signo, não sei não...".

OK, mas o que a astrologia então ensina para líderes?

Acredito que há uma mensagem poderosa no fato de a astrologia continuar sobrevivendo em pleno ano de 2024, a despeito de tantas evidências contrárias. Proponho que esse fenômeno nos ajuda a enxergar melhor as necessidades humanas mais profundas e fundamentais de todos nós. Destaco quatro:

- Necessidade de significado: as pessoas podem recorrer à astrologia na busca por propósito ou sentido em suas vidas. Uma sensação de significado que a lógica e a razão por si só não conseguem trazer.

- Necessidade de pertencimento: mesmo crenças não comprovadas cientificamente, quando compartilhadas com outras pessoas, podem prover conexão e ajudar a fortalecer relacionamentos.

- Necessidade de apoio: algumas pessoas podem se apoiar em crenças infundadas quando se sentem incapazes de lidar sozinhas com os eventos de suas vidas e com a insegurança trazida pela imprevisibilidade de mudanças contínuas.

- Necessidade de aprendizagem: a astrologia oferece uma estrutura simbólica que, de alguma forma, estimula as pessoas a explorar suas tendências de comportamento e eventos de vida. Elas podem achar essas informações úteis como uma alavanca para conhecer melhor a si mesmas, mesmo que estejam cientes de que a astrologia não tem base científica.

Lembro de uma frase supostamente atribuída a Steve Jobs: "Se você quiser fazer todo mundo feliz, não seja um líder, venda sorvete". Ora, discordo respeitosamente dessa afirmação, considerando-a imprecisa, obsoleta e arriscada.

Pesquisadores identificam duas definições principais de felicidade. A "hedônica", ligada aos prazeres imediatos, e a "eudaimônica", focada em propósito e crescimento pessoal. Enquanto a primeira busca satisfação passageira, a segunda visa o desenvolvimento humano contínuo. Elogios rasos e imerecidos, comuns em uma visão superficial hedônica de felicidade, realmente não refletem a verdadeira liderança.

Mas líderes, sim, devem influenciar uma "arquitetura de felicidade" mais abrangente e sustentável, que vai além de recompensas imediatas e beneficia não apenas os colaboradores, mas também os clientes e a sociedade em geral. Creio que esse é um desafio bastante sério e atual, que não deve ser desmerecido.

Tudo somado, uma reflexão para nós, líderes, é: estamos realmente atentos às necessidades no trabalho de significado, pertencimento, apoio e aprendizagem das pessoas? Em caso negativo, não precisa consultar o horóscopo para descobrir o que acontecerá a seguir.

Provocação # 31 – As novas gerações são mesmo tão diferentes?

NOVAS GERAÇÕES: QUAL A SUA DICA?

No final da palestra eles vêm correndo falar comigo. Têm aquele olhar ansioso de quem acabou de descobrir que perdeu o voo. Ele diz que atua como coordenador de uma equipe e tem 31 anos. A chefe, a gerente, tem 42. Ambos estão de cabelo em pé. Querem entender melhor como liderar a recém-contratada profissional de 19. "Essa garotada é complicada", me garantem.

Seguem algumas sugestões:

- O famoso raciocínio sobre diferentes gerações (as chamadas Gerações X, Y, Z...) tenta trazer grandes tendências, mas cada indivíduo é único. Nada, absolutamente nada, substitui uma boa conversa. Como costumo dizer, eu nunca entrevistei "uma geração"; eu converso com pessoas! Levem isso em conta ao ler todas as outras dicas abaixo.

- A nova geração diz que deseja um trabalho com propósito, flexibilidade, tarefas interessantes, *feedbacks* francos e reconhecimento. Ora, creio que isso é o que todo ser humano gostaria de ter no trabalho! Talvez a nova geração só deixe isto mais claro ou valorize ainda mais estas "moedas motivacionais universais". Então, considerem a chegada de jovens profissionais como um convite e um estímulo para vocês serem líderes melhores com todos.

- É fácil acusar a nova geração de ser pouco leal e dizer que ela troca de emprego muito facilmente. Mas talvez uma moldura mental mais útil para as empresas seja: será que nossa organização traz visão, propósito e cultura de trabalho que incentivam as pessoas a trabalharem aqui? Esqueçam o discurso caricato sobre salas com mesas de ping pong e máquinas de fliperama: o que a nova geração menos precisa é de mimos ou ser tratada como criança. Como líderes, participem com protagonismo desta discussão.

- O que de melhor a nova geração hipoteticamente tem a oferecer – enorme intimidade tecnológica, *expertise* em navegação nas mídias sociais, disposição a questionar raciocínios baseados apenas na tradição e autoridade etc. – é um combustível essencial para a transformação digital provavelmente em curso na sua empresa hoje. Promovam a diversidade e garantam que a nova geração tenha voz, enchendo o tanque de toda a sua equipe.

- Conversas sobre carreira são ainda mais importantes com colaboradores da nova geração. Eles tendem a querer se ver sempre crescendo e em movimento; querem entender como são avaliados hoje e quais são os próximos passos. A ansiedade é real: diversos ídolos desta geração ficaram milionários e mudaram o mundo antes de completar 30 anos de idade. Além disso, sinto constatar, a nova geração começou cedo e sem descanso a cultivar a ansiedade nas redes sociais ("poxa, há 5 minutos ninguém curte o vídeo que eu publiquei..."). E aquele *millennial* que pede um aumento após dois meses porque "se sente no direito"? Talvez seja porque essa geração tem mais dívidas do que qualquer geração anterior ao sair da faculdade, e eles simplesmente precisam do dinheiro para continuar, para pagar o aluguel.

- Por falar em conversas, trabalhem arduamente para que haja um canal sempre aberto de comunicação. Não caiam no conto de que a nova geração necessariamente se comunica melhor que as outras, pois a qualidade do comunicador se mede pela sua capacidade de escutar, e não pela quantidade de *posts*. Também não assumam que nós, que já temos mais de 30 anos, aprendemos a ouvir com a idade. Muitas vezes os anos apenas cristalizam crenças e nos tornam mais fechados ao que é diferente. Considerem esses alertas como um incentivo para não desistirem de buscar o diálogo. Vocês notaram, voltamos à primeira dica: nada melhor que um bom "papo reto".

Tenho observado alguns líderes encantados com a possibilidade de ferramentas de inteligência artificial poderem monitorar o clima organizacional e identificar pontos críticos através da análise de *e-mails*, fóruns internos e mídias sociais corporativas. A máquina pode até ajudar a monitorar o bem-estar dos funcionários de diferentes gerações, identificando sinais de estresse e sugerindo intervenções apropriadas (obviamente, todas essas informações devem ser usadas com muita prudência e responsabilidade, respeitando a privacidade e a dignidade dos indivíduos). Mas de que servem esses dados se não ampararem conversas verdadeiras e empáticas entre as pessoas? Sem o componente humano de genuína escuta ativa, as intervenções baseadas em inteligência artificial correm o risco de se tornar meros automatismos, sem efetividade real na melhoria do ambiente de trabalho.

As pessoas de diferentes gerações têm muito a aprender umas com as outras. Vamos esquecer as acusações mútuas e entrar no avião certo.

Então, qual a sua experiência em trabalhar com pessoas de diferentes idades? Será que não estamos presos a rótulos criados pelo raciocínio sobre gerações? Alguma outra dica a partir da leitura deste texto?

Provocação # 32 – Como deturpar o processo de promoção de pessoas?

UMA PROMOÇÃO NUNCA DEVERIA SER...

- Um reconhecimento automático pelo tempo de casa.
- Um prêmio apenas pela dedicação.
- Um gesto baseado em lealdade ou amizade.
- Uma moeda de troca.
- Uma resposta a pedidos incessantes.
- O efeito principal da capacidade de autopromoção do candidato.
- Um recurso desesperado para manter as pessoas.
- Uma medida de emergência para preencher lacunas.
- Um meio de discriminação ou justiça social leviana.
- Uma simples consequência dos resultados do último ano.
- Uma obrigação ou um direito garantido a todos.

Devemos promover apenas quando o colaborador demonstra competências necessárias para atuar e se desenvolver no próximo nível. Esse processo exige planejamento, análises criteriosas, diálogo e transparência.

Promover por motivos equivocados é prejudicial, não apenas à liderança e à empresa, mas principalmente ao próprio promovido.

Na sua empresa, como você pode influenciar para que os processos de avaliação e promoção sejam mais criteriosos e transparentes?

Provocação # 33 – Como não fazer um "desligamento humanizado"?

DESLIGAMENTOS: DOIS ERROS COMUNS

Demitir um colaborador é uma tarefa complexa e emocionalmente desafiadora para qualquer líder, mas é importante entender que, em determinadas circunstâncias, é uma medida necessária e justa. Antes de chegarmos a essa decisão, é fundamental que tenhamos dado *feedbacks* claros e apoiado a pessoa a construir e implementar planos de evolução. Se, após esses esforços, a evolução não ocorrer, não considerar a demissão como uma opção pode prejudicar a equipe, nossa liderança, a empresa, nossos clientes e o próprio colaborador, que pode florescer em outro ambiente. Às vezes, é uma questão de *fit*: não se trata de a pessoa ser boa ou ruim, mas de ela estar ou não no local certo.

Com esse contexto em mente, tenho conversado frequentemente com líderes de grandes empresas a respeito de como conduzir processos de demissão humanizada. É interessante notar que a maioria desses líderes chega munida de conhecimento adquirido em artigos e cartilhas sobre o tema. Contudo, a partir dessas leituras, surgem algumas crenças equivocadas que podem levar a mal-entendidos.

Apresento dois exemplos de erros comuns:

1. Acreditar que a entrevista de desligamento deve ser sempre breve, pois a notícia deve ser absolutamente direta.

De fato, é aconselhável não fazer rodeios ao comunicar a demissão, pois isso gera desconforto e ansiedade e vai contra uma conversa sincera. Entretanto, é incorreto supor que essa premissa exige uma entrevista de desligamento curta. Na verdade, é essencial proporcionar tempo suficiente para o colaborador esclarecer dúvidas e fazer perguntas. Em resumo, é o próprio indivíduo desligado quem determina a duração da entrevista.

No caso de realmente inevitáveis cortes em massa, em função de momentos excepcionais de crise ou mudança, é crucial comunicar a decisão de maneira honesta e clara, explicando o porquê do desligamento e o processo que levou a esta decisão.

2. Acreditar que elogiar o colaborador que está sendo desligado é inadequado.

Concordamos que elogios vazios não são úteis. Porém, no contexto de uma demissão humanizada, é importante fornecer *feedbacks* claros e apoiar a recolocação do profissional. Uma sugestão seria propor: "Se desejar, posso compartilhar seus principais pontos fortes. A intenção é que esse *feedback* seja útil para seus próximos passos na carreira. Podemos fazer isso agora ou em outro momento, conforme sua preferência. Estou à disposição".

Uma linguagem humanizada inclui também expressões de gratidão e reconhecimento pelas contribuições dos funcionários desligados, mostrando que eles são parte da história da empresa. Esses passos ajudam a garantir que os funcionários afetados saiam com uma sensação de respeito e valorização, o que, por sua vez, mantém a moral e a confiança dos colaboradores remanescentes.

Ressalto que esses são apenas dois exemplos de equívocos frequentes. Além disso, é preciso ir além do "saber como fazer" e discutir questões emocionais que podem, na prática, sabotar o comprometimento dos líderes em realizar uma demissão humanizada. Por exemplo: o receio de enfrentar uma "conversa difícil", a sensação de "fracasso como líder" (justificada ou não) causando desequilíbrio emocional, entre outros.

Portanto, abordar demissões com humanidade não é apenas uma questão de seguir um protocolo; é sobre garantir que todos os envolvidos se sintam valorizados e respeitados durante todo o processo. Ao fazer isso, protegemos a integridade da nossa equipe, fortalecemos a confiança interna e mantemos o moral elevado.

Você já viveu a difícil experiência de demitir alguém? Se sim, que reflexões surgem sobre todo esse processo a partir da leitura deste texto?

COLABORAÇÃO

"Líderes promovem uma cultura de aprendizado contínuo e buscam o autoconhecimento. Entendem as dificuldades de virar a chave e se tornar um líder. Constroem resultados com as pessoas, **de forma colaborativa**."

Provocação # 34 – E se eu não sou gentil?

O TESTE FINAL DA GENTILEZA

"Tenha um bom final de semana!" "Você primeiro, por favor, pode passar." "Atenciosamente..."

Desejos de boa sorte, demonstrações de boa educação, fórmulas de cortesia...

Há diversas pequenas demonstrações de consideração que podem (e devem) fazer parte do nosso comportamento diário. Essas gentilezas têm um enorme valor, mesmo quando manifestadas por meio de frases automáticas. Trazem muito pouco custo, justamente por serem cotidianas e, de certa forma, rasas. E carregam enormes benefícios potenciais, frequentemente estimulando o início ou a manutenção de um ciclo virtuoso de boa vontade mútua.

Mas o teste final da gentileza é bem mais profundo. Este teste diz respeito ao que acontece quando alguém subitamente frustra nossas expectativas. Imagine, como exemplo, um colega de outra área que não entregou aquele fundamental relatório no prazo prometido. Ou uma pessoa da sua equipe que, sem aviso prévio, deixa de comparecer a uma reunião importante no Zoom.

Muitas vezes, minha primeira e rápida reação é assumir que a outra pessoa tem más intenções ou está contra mim: "Ah, eu sabia que não podia confiar nesta pessoa, já adivinhava que ela não tinha comprometimento...".

E, na presença de pensamentos dessa natureza, o jogo vira completamente. Acusamos, ao invés de desejar boa sorte. A decepção substitui o afeto. Os confrontos tomam o lugar dos agradecimentos. Puxa, mas eu não era uma pessoa gentil?

Pois é, ser gentil mesmo implica saber respirar fundo e continuar acreditando no melhor da outra pessoa. Problemas podem ocorrer com todo mundo; quantas vezes não ocorrem conosco?

Ser gentil, então, significa fazer perguntas e estabelecer um diálogo construtivo antes de construir "certezas arrogantes" sobre o acontecido.

Finalmente, ser gentil de verdade envolve assertividade na discussão produtiva e respeitosa sobre como podemos nos ajudar para que no futuro esses problemas sejam evitados ou, quando inevitáveis, sejam pelo menos bem gerenciados.

As pequenas gentilezas demonstram "consideração". Mas essa suprema e grande gentileza prova que somos capazes também de "reconsideração", ou seja, de refletir para não cair na tentação polarizadora do "eu contra ele".

E por falar em trazer esse sentido de colaboração, vale regularmente estar atento a oportunidades para gentilmente agradecer e reconhecer os esforços e contribuições dos membros da equipe. Infelizmente, ainda observo líderes que jogam o jogo do "se eu não falei nada, é porque está bom...". Ou que acreditam que, com elogios, "as pessoas se acomodam". Ora, mais uma vez é essencial assumir as boas intenções do outro. Todo mundo quer acertar. Quando isso ocorre, um elogio merecido nos enche de energia e nos informa que estamos na direção certa.

A prática da verdadeira gentileza não só constrói relações de colaboração mais fortes e saudáveis, mas também aumenta a produtividade, a satisfação no trabalho e a lealdade dos colaboradores. Uma organização que valoriza e pratica a gentileza genuína é mais resiliente, inovadora e capaz de enfrentar desafios com coesão e confiança.

Como você e sua equipe se veem no teste final da gentileza?

Provocação # 35 – Por que precisamos falar tanto sobre empatia?

É MUITO DIFÍCIL SER EMPÁTICO DE VERDADE!

Um colega recentemente propôs:

- Se você quiser realmente avaliar a sua empatia, verifique que tipo de resposta costuma trazer quando uma pessoa próxima te conta um problema.

Fiquei pensando. Então rememorei os diversos casos em que familiares ou grandes amigos me ligaram nos últimos meses e anos, dizendo que estavam se sentindo psicologicamente abalados por algum motivo. Fui recapitulando cada interação.

Quais foram os meus 3 tipos de resposta mais comuns?

Tipo 1: Mostrar o lado positivo das coisas, às vezes contrapondo com situações mais drásticas vividas por outras pessoas. "Ah, mãe, você está triste com a pandemia? Pense que o importante é que pelo menos você não pegou o vírus. Ouvi dizer que as UTIs estão lotadas, tanta gente seriamente doente...".

Tipo 2: Aproveitar a fala da outra pessoa para fazer o meu desabafo particular. "Nem fale, pai, que situação difícil. E o meu trabalho então? Vou te contar um episódio que aconteceu ontem...".

Tipo 3: Tentar impor uma solução imediata. "Sem querer te interromper, mas você já tentou fazer terapia?".

Não raramente, os 3 tipos se misturavam em uma mesma cena. Mas, que vergonha, nenhum desses padrões de resposta é realmente empático.

Empatia começa com estarmos plenamente presentes com a outra pessoa, reconhecendo seu sofrimento sem minimizá-lo ou compará-lo. É criar um espaço de acolhimento verdadeiro. Veja a diferença: "Puxa, estou te ouvindo, estou junto com você, você não está passando por tudo isso sozinha. Me conta mais, o que você está sentindo?".

Depois de cultivarmos essa conexão genuína, aí sim podemos e devemos oferecer nosso apoio. Infelizmente, a fórmula mais usada por líderes aqui é um burocrático "conte comigo". Nada acontece, todo mundo sabe que nenhuma ajuda concreta vai ocorrer. Mais verdadeira é a pergunta: "Eu realmente quero te ajudar, por favor, me diga: o que posso fazer para te apoiar agora?".

Empatia não é uma habilidade que se desenvolve da noite para o dia. Requer prática, introspecção e, muitas vezes, um desconforto consciente ao confrontar nossas próprias inadequações. Uma abordagem produtiva para se tornar mais empático inclui algumas boas práticas:

- Consciência: analisar regularmente nossas respostas automáticas pode nos ajudar a identificar padrões de comportamento que não são empáticos. Pergunte a si mesmo: "O que motivou minha resposta? E como ela foi percebida pela outra pessoa?".

- Validação Emocional: validar as emoções alheias é um componente crucial da empatia. Em vez de tentar resolver o problema ou minimizar a dor, reconheça os sentimentos da outra pessoa com afirmações como: "Eu vejo que você está realmente chateado com isso" ou "Deve ser difícil passar por isso".

No contexto corporativo, a prática da empatia pode transformar a dinâmica de uma equipe. Líderes que praticam empatia de maneira consistente ganham a confiança e o respeito de seus colaboradores, em um ambiente de trabalho mais saudável e produtivo.

Pergunte aos membros da equipe como eles estão se sentindo, não apenas sobre o trabalho, mas também pessoalmente. Demonstre interesse genuíno. Estabeleça um ambiente onde os colaboradores se sintam seguros para expressar suas preocupações e emoções sem medo de retaliação. Partilhe suas próprias experiências de forma vulnerável para incentivar essa cultura de abertura.

Você observa sua equipe adotando essas práticas?

A empatia começa com pequenas ações e intenções genuínas. A boa notícia é que podemos aprender a ser mais empáticos. E, se todo aprendizado começa pela consciência do que precisa ser mudado, quem sabe temos um ponto de partida...

Provocação # 36 – O que sabe um profissional que se comunica bem?

PRINCÍPIOS FUNDAMENTAIS DE COMUNICAÇÃO PARA LÍDERES

Comunicação: a essência que permeia cada interação, moldando a atmosfera do ambiente de trabalho e definindo o sucesso de uma equipe. É como uma dança, em que cada movimento, cada pausa, conta uma história por si só. Mas, nesta dança, há passos fundamentais que devem ser dominados para criar uma coreografia harmoniosa e eficaz.

Vamos explorar seis princípios inter-relacionados que os líderes podem aplicar para melhorar sua comunicação no ambiente empresarial. Esses princípios não são apenas técnicas de comunicação, mas sim reflexões profundas sobre o papel fundamental da comunicação na liderança.

1. É impossível não comunicar

Este princípio ressalta que cada ação, comportamento ou inação comunica algo aos outros. Mesmo em silêncio, a mensagem é transmitida. Imagine um líder em uma reunião. Seu silêncio pode ser interpretado de várias maneiras: desinteresse, desacordo ou aprovação tácita. Ou pense quando um líder evita comentar sobre um assunto sensível. Esta ausência de palavras pode ser vista como agressividade ou como tentativa de esconder algo.

Como líderes, devemos estar conscientes de que estamos constantemente comunicando, mesmo quando não falamos explicitamente. A chave é entender o impacto de nossas ações – ou a falta delas – e gerenciar essas mensagens com propósito.

2. Comunicação é mais que palavras

Além das palavras faladas, os líderes devem atentar ao poder do subtexto e da comunicação não verbal. Expressões faciais, linguagem corporal, tom de voz – todos esses elementos podem transmitir mensagens tão poderosas quanto as palavras. Considere um líder que, ao relatar um incidente, sorri de canto de boca. Esse pequeno gesto pode comunicar desprezo ou ironia.

Mais ainda, as ações contraditórias são particularmente reveladoras. Por exemplo, quando um líder adia repetidamente uma conversa importante, como uma discussão de carreira, nenhuma palavra pode compensar o desinteresse implícito.

3. O meio também é a mensagem

A escolha do meio de comunicação também transmite significativo subtexto e influencia a qualidade da comunicação. Por exemplo, um *e-mail* impessoal pode enviar sinais de distanciamento, enquanto uma conversa face a face demonstra respeito e valorização.

Portanto, a seleção cuidadosa do meio de comunicação pode amplificar ou limitar as possibilidades de entendimento e conexão entre líderes e suas equipes.

4. Construindo pontes de confiança

A construção de confiança requer comunicação contínua e bidirecional. Um líder que faz anúncios sem abrir espaço para dúvidas está, na verdade, impondo, não dialogando. E perde a chance de avaliar se a sua mensagem foi clara, sendo percebida da forma desejada. A verdadeira confiança nasce do compromisso genuíno com a colaboração e o entendimento mútuo.

Para cultivar essa confiança, é essencial mostrar, através de ações consistentes, que estamos dispostos a ouvir e a nos engajar de forma verdadeira com nossas equipes. Confiança é o alicerce sobre o qual se constroem relações duradouras e eficazes.

5. Sem a capacidade de escuta não há comunicação efetiva

A palavra comunicação tem sua origem na palavra latina *communis*, que se refere a tornar comum, a comunhão. Comunicamo-nos para compartilhar nossos pensamentos, o que só é possível quando escutamos com atenção, verificando se realmente estamos sendo compreendidos, se todas as dúvidas foram sanadas, se de fato há alinhamento e estamos todos juntos.

Pergunte, dialogue de forma verdadeira, e não protocolar. Mostre interesse genuíno pelas necessidades, pelas preocupações e pelos sentimentos das pessoas com quem você interage. Este esforço para ver o mundo pelos olhos dos outros facilita uma comunicação mais clara e respeitosa.

6. A autenticidade como farol

A autenticidade emerge como uma bússola necessária, em um mundo repleto de fórmulas convencionais e discursos padronizados. Por exemplo, quando alguém diz "precisamos almoçar algum dia" todos sabem que essa é uma formalidade vazia, não uma intenção genuína.

Líderes autênticos não se escondem atrás de clichês. Eles dizem o que realmente pensam e sentem, mesmo quando isso envolve vulnerabilidade. Esta autenticidade não só fortalece as conexões, mas também inspira confiança e respeito.

Em resumo, a comunicação eficaz é mais do que uma habilidade técnica – é uma expressão de liderança autêntica e compassiva. Ao aplicar esses seis princípios fundamentais, os líderes podem não apenas comunicar de forma clara e assertiva, mas também construir um ambiente de mais confiança e colaboração. Na dança da liderança, é a harmonia dos passos que define o sucesso da equipe.

E você, qual desses seis princípios mais te provoca?

Provocação # 37 – Qual a relação entre autoridade e colaboração?

COMO VOCÊ USA A SUA AUTORIDADE INFORMAL?

Autoridade vai além do cargo corporativo que ocupamos. No cotidiano das dinâmicas de grupo, todos nós utilizamos, muitas vezes de forma inconsciente, diversas fontes de autoridade informal.

Depois de observar centenas de times em ação, proponho uma reflexão. Pense em algum recente debate na sua equipe: como você participou dessa discussão? Usou, em algum momento, as fontes de autoridade informal abaixo?

- A. Seu conhecimento técnico acumulado, especialmente aquele relevante para o assunto em pauta.
- B. Sua experiência prática anterior com o tema em questão.
- C. A capacidade, oriunda de sua rede de relacionamentos, de estimar as percepções e reações de quem exerce influência ou é afetado pela decisão em pauta.
- D. O grau de admiração que conquistou ao longo do tempo no time.
- E. Suas características de personalidade e habilidades de comunicação, que facilitam a exposição de seus pensamentos.

Essa reflexão é fundamental porque muitas disfunções na atuação dos times nascem do uso inadequado dessas fontes de autoridade informal. Vejamos algumas situações comuns:

- Colaboradores que se autoavaliam como sem autoridade informal suficiente se abstêm de compartilhar suas percepções, questionar caminhos tradicionais ou sugerir novas perspectivas. E, assim, perdemos o ponto de vista de quem muitas vezes poderia ajudar o time a pensar fora da caixa. Imagine Maria, uma jovem analista de dados, que raramente fala nas reuniões, pois se sente insegura sobre sua autoridade informal. No entanto, ela possui *insights* valiosos que poderiam revolucionar a abordagem do time sobre certos projetos se se sentisse encorajada a compartilhar.

- Participantes que se veem com um saldo confortável de autoridade informal podem acabar impondo sua opinião, sem permitir um conflito produtivo de ideias. Considere João, engenheiro sênior cuja confiança em sua experiência o leva a ignorar ou minimizar sugestões de colegas menos experientes, sufocando a inovação e o crescimento colaborativo.

- Gestores com autoridade formal que hesitam em usá-la por temor da reação de pessoas com autoridade informal no grupo. Essas mesmas pessoas, por sua vez, podem sorrateiramente minar o poder do líder formal, em vez de discutir o que precisa ser feito e apoiar o líder nessa agenda. Pense em Ana, uma gerente que evita tomar decisões porque receia a desaprovação de membros influentes do time. Isso pode resultar em uma falta de direção clara para a equipe.

Infelizmente, esses exemplos de disfunções são comuns e só tendem a aumentar em cenários de crise e com a distância física do trabalho híbrido.

Topa fazer um teste? Que tal, na próxima reunião, você observar as interações das pessoas a partir da lente proposta por este texto? Note como diferentes fontes de autoridade informal são usadas e reflita sobre o impacto delas nas discussões.

Discutir esse assunto de forma aberta e transparente com nossos times pode ser uma oportunidade. O conjunto de fontes de autoridade formal e informal de todos os participantes de uma equipe deveria ser um patrimônio valioso. Quando utilizado com sabedoria, esse patrimônio deve estar a serviço de discussões ricas e produtivas, que levam o time na direção de resultados excepcionais e sustentáveis.

Ao valorizar todas as vozes e explorar a dinâmica das autoridades informais, criamos um ambiente em que todos se sentem empoderados para contribuir e em que a liderança é verdadeiramente coletiva.

RELAÇÕES DE INFLUÊNCIA RECÍPROCA

"Líderes promovem uma cultura de aprendizado contínuo e buscam o autoconhecimento. Entendem as dificuldades de virar a chave e se tornar um líder. Constroem resultados com as pessoas, de forma colaborativa e por meio de **relações de influência recíproca**."

Provocação #38 – Você faz política?

INTELIGÊNCIA POLÍTICA

O conflito político ocorre cada vez que pessoas discutem sobre como maximizar seus objetivos, em ambientes de recursos escassos. Isto equivale a dizer que a política acontece o tempo todo. Sua presença vai muito além do jogo parlamentar e das disputas eleitorais, que cotidianamente convencionamos chamar de política.

Por exemplo, um casal, com diferentes preferências gastronômicas, discutindo sobre em que restaurante almoçarão é, dentre outras coisas, uma situação política; a decisão sobre ir ou não ao aniversário do filho de um amigo também envolve componentes políticos.

Os exemplos são inúmeros e se estendem por toda a nossa vida em comunidade. Aliás, a palavra política origina-se justamente do grego *"polis"*, a cidade-Estado, a comunidade em que vivemos.

Especificamente no que concerne a empresas, toda decisão demanda escolhas e a necessidade de se avaliar assuntos muitas vezes complexos e ambíguos. Sempre há, nesses casos, uma nítida dimensão política, ou seja, legítimas diferenças sobre o que é melhor para a organização. Fazer política é, portanto, a alternativa mais inteligente quando se deseja alcançar determinado objetivo e quando estão envolvidas opiniões divergentes ou complementares.

Ignorar ou desabonar o xadrez político é ingênuo e contraproducente.

Muitas pessoas invocam argumentos sobre a ausência de "justiça", ao condenarem deliberações sarcasticamente chamadas de "políticas", em eventos como uma suposta imerecida promoção de um colaborador. Essas pessoas se esquecem que toda decisão carrega aspectos subjetivos e que é inevitável que percepções de confiança e competência sejam afetadas por elementos políticos como "a visibilidade do profissional promovido" ou sua "imagem perante a direção da empresa". Competência é uma condição absolutamente essencial para uma carreira de sucesso, mas não suficiente caso ela não seja notada por outras pessoas.

A famosa ilusão da independência – "um dia serei dono do meu próprio nariz" – também é infantil; qualquer empreendedor aprende rapidamente que seu sucesso pressupõe uma intensa relação de alianças políticas, com fornecedores, clientes, colaboradores e, se for o caso, com sócios.

É possível perceber a presença de um ciclo de vitimização muito perigoso quando se analisa o modo como algumas pessoas lidam com a política organizacional. Este processo invariavelmente desemboca na fantasiosa decisão de procurar um "lugar onde não haja política" – o que muitas vezes se traduz em uma carreira errática, em que o profissional, pulando de uma empresa para outra, nunca vivencia todo o seu potencial.

Profissionais bem-sucedidos têm clareza sobre seus objetivos de carreira e os perseguem contribuindo para o sucesso da organização em que trabalham, haja vista que sabem que a política está associada ao desafio de gerar valor para um maior número de pessoas. Esta é a verdadeira inteligência política!

No entanto, os mais desconfiados podem ainda insistir: "e se, em um passe de mágica, fosse possível acabar com a política na minha empresa? Isso não seria bom?".

Se isto fosse possível (não é), a empresa perderia ao não desenvolver executivos para sua alta liderança que fossem capazes de lidar de forma politicamente inteligente com *stakeholders* externos. É no dia a dia do balé político dentro da empresa que nossa musculatura política gradualmente se fortalece para enfrentar desafios mais amplos. Cabe também ressaltar a importante distinção feita pela professora Linda Hill, de Harvard, entre confrontos improdutivos de pessoas – que devem ser evitados – e conflitos produtivos de ideias, que precisam ser estimulados. Sem esses conflitos produtivos, a empresa perderia sua capacidade de aprender e inovar, pois eliminar a política significaria, simplesmente, destruir o diálogo entre diferentes pontos de vista.

Esse é um enorme perigo; já vi muita confusão em torno desse ponto. Quantas vezes já ouvimos frases do tipo: "Aqui celebramos a diversidade. Não existe uma verdade absoluta"?

Qual será o impacto desse relativismo irrefletido?

Primeiramente, percebe-se uma certa paralisação na comunicação: "Você fica com a sua verdade, eu fico com a minha".

Então, começamos a observar processos decisórios arrastados, pois as pessoas, embaladas no que costumo chamar de "preguiça política", desistem de buscar alinhar critérios para direcionar suas ações.

No limite, a organização tristemente torna-se até mais tolerante a comportamentos éticos questionáveis, afinal "a realidade em uma determinada área é outra".

No final das contas, realmente acredito que, em um ambiente em que as pessoas têm inteligência política, a diversidade de pontos de vista alimenta conversas poderosas. Diálogos em que os indivíduos expõem seus argumentos, explicam seu raciocínio, convidam outros a questioná-lo e estão realmente abertos a escutar novas ideias para decidir caminhos de ação.

E aí, você faz política?

Provocação # 39 – Como explicar a importância das redes?

CASTELO OU ROTA DA SEDA?

"Esse é um cargo que carrega bastante poder". "Preciso fortalecer mais a minha posição". "O importante é trazer uma voz forte na reunião".

Conscientemente ou não, observo muitos líderes adotando uma perspectiva que chamo de "moldura do castelo". Para se proteger das muitas mudanças que fazem parte do mundo corporativo, esses profissionais optam por demonstrações de força e buscam autossuficiência como seus principais padrões de ação.

Esse jogo traz uma aparência de solidez, mas tende a limitar o potencial de crescimento profissional. Por exemplo, ao ver parcerias como um problema em vez de se entusiasmar com oportunidades colaborativas, esses líderes perdem os benefícios que podem vir do compartilhamento de conhecimentos, recursos e apoio.

Além disso, esses executivos correm o risco de sofrer de estresse e problemas de saúde mental. Ao adotar uma visão estreita de resiliência, sofrem um enorme desgaste tentando continuamente "resistir sozinhos aos ataques do mundo".

Um modelo mental alternativo é a moldura da "Rota da Seda". Profissionais que adotam esse segundo modelo são mestres na construção de redes. Eles tecem uma vasta rede de conexões horizontais, promovendo a troca de conhecimentos e apoio, impulsionando assim o crescimento e a prosperidade coletiva.

Assim como a Rota da Seda entre a China e a Europa foi um canal vital para o intercâmbio cultural, esses executivos acolhem a sensibilidade a diferentes pontos de vista. Eles apreciam e valorizam as perspectivas singulares que diferentes experiências e visões de mundo trazem.

A Rota da Seda não consistia em um único caminho, mas sim em um conjunto flexível de rotas que podiam ser utilizadas em diferentes cenários. Da mesma forma, esses profissionais entendem a importância de cultivar diversos tipos de rede. Há redes operacionais, que apoiam o trabalho do dia a dia. Há redes estratégicas, que permitem a percepção atenta dos movimentos do mercado e da empresa. Há redes de desenvolvimento, compostas por colegas e mentores (e o ChatGPT!). E, não menos importante, há redes de relacionamento, formadas por pessoas queridas que ajudam a dar sentido a toda a sua vida.

Castelo ou Rota da Seda: qual é o seu modelo preferencial? Talvez as perguntas abaixo te ajudem nessa reflexão:

- Quem, de outras áreas da empresa, faz parte da sua rede?
- Quem, fora da empresa, te ajuda a enxergar tendências e ter um olhar estratégico?
- Com quem você dialoga em busca de boas práticas para ser um líder melhor?
- Pensando em família e amigos, com quem você constrói relações afetivas significativas e duradouras?

Como alguém já disse: "Força é resultado da qualidade e quantidade de relações que desenvolvemos com outras pessoas". O universo corporativo é competitivo, mas nessa competição ganha quem colabora mais.

Provocação # 40 – As empresas estarão sempre divididas em feudos?

MARKETING *VERSUS* VENDAS!?

Infelizmente, essa história pode soar familiar.

Colaboradores e líderes da área de vendas frequentemente se sentem como meros executores das estratégias de marketing, clamando por maior envolvimento nas decisões. Eles criticam que os profissionais de marketing, muitas vezes, criam estratégias sem compreender a realidade do campo, agindo como se estivessem isolados em seus escritórios.

Por outro lado, o time de marketing acredita que os vendedores deveriam focar mais na implementação dos planos desenhados, acusando-os de imediatismo e falta de visão estratégica.

Esse conflito nutre um cenário problemático de divisões dentro das corporações, onde diferentes áreas parecem não se comunicar de maneira eficaz. Argumentar que "sempre foi assim" é aceitar a mediocridade. Afinal, qual seria a solução para isso?

O primeiro passo é entender que o objetivo não é "escolher um lado", mas gerir duas prioridades essenciais para o sucesso da empresa: obter resultados no curto prazo E construir marcas fortes e duradouras.

Reorganizações estruturais, por si só, não resolvem essa questão. Nada será suficiente sem um diálogo interdepartamental contínuo. Esse diálogo deve ser conduzido com a atitude de "como podemos colaborar de maneira mais eficiente?", ao invés de "vou mostrar quem manda aqui". Em outras palavras, precisamos de menos confrontos emocionais e mais perguntas maduras que busquem exploração conjunta de caminhos.

A percepção de desequilíbrio de poder é um grande obstáculo para este processo. Nas grandes empresas, o setor de marketing é frequentemente visto como mais privilegiado, enquanto nas menores a equipe de vendas costuma ter mais influência. Em ambos os cenários, é imprescindível estabelecer uma parceria entre iguais. Este deve ser o foco de um diálogo sincero entre os principais líderes das duas áreas.

Uma única conversa não será suficiente. É mais fácil apontar culpados do que construir parcerias. Portanto, essa aliança deve ser acompanhada constantemente e deve ser uma responsabilidade compartilhada por todos.

Ignorar a competitividade inerente ao ambiente corporativo, no qual os setores competem por recursos e atenção, seria ingênuo. Contudo, é possível e essencial derrubar as barreiras organizacionais para evitar conflitos internos improdutivos. Esses conflitos consomem energia que poderia ser mais bem investida na realização dos objetivos comuns da empresa.

Quais divisões você observa na sua empresa? O que você acredita que pode fazer para influenciar a derrubada de muros entre áreas e equipes?

Provocação # 41 – E se me tornasse sócio do meu gestor?

A VISITA DO CHEFE

> *Amanhã à tarde o chefe irá nos visitar. Odeio essas visitas. Se as coisas vão mal, somos pressionados. Se tudo finalmente vai bem, o chefe questiona o porquê da demora em corrigirmos o que precisava ser ajustado. E depois nos espreme para fazermos melhor ainda no dia seguinte. Às vezes até trocamos um sorriso formal e protocolar. Mas nada de elogios. Como o chefe mesmo diz, ao serem elogiadas, as pessoas se acomodam. Em resumo, de um modo ou de outro, a visita só tem um objetivo: nos cobrar. No final de cada visita, me sinto como um poço vazio, do qual acabou de ser tirada a última porção de água.*

Escrevi essas poucas linhas ao longo da leitura do estupendo livro *Vida e Destino*, do russo Vassili Grossman, que retrata eventos da Segunda Guerra Mundial, na Rússia. Na cena acima, um comandante de campo mostra como enxerga as visitas do general.

Indo para o universo corporativo, infelizmente sou capaz de apostar que muita gente consegue se reconhecer aqui...

O interessante é que logo a seguir, neste mesmo capítulo do livro, temos a chance de constatar que o general também fica frustrado com suas visitas ao campo:

> *puxa, queria que os soldados percebessem que estou junto deles. Queria ajudar, mas a cada visita sinto que não passo de um estorvo. Por que nessas visitas nunca conseguimos falar do que realmente importa para todos nós?.*

Pois é, que bela pergunta. Se as duas partes se sentem decepcionadas, por que a mudança não acontece? E o que é que realmente importa?

Aqui entra a importância do conceito de *managing up*. Como costumo dizer, somos corresponsáveis pela criação de uma relação produtiva com nossos gestores. A relação almejada é a de "sócio". Quando isto acontece, nasce uma parceria extremamente produtiva. As forças de um complementam as fraquezas do outro; os objetivos de cada pessoa passam a ser mutuamente significativos; e os diálogos passam a se estruturar em torno do pronome "nós". O saldo dessa transformação é que ambas as partes, sem falsos temores e livres dos fantasmas corporativos, desenvolvem-se profissionalmente.

Ter essa relação de sócio com seu gestor é um indicador precioso da "prontidão" de qualquer colaborador para os próximos níveis de liderança. Para alcançar esse tipo de relacionamento, é importante investir em conhecer profundamente seu líder: entender o que ele valoriza, suas prioridades e até mesmo suas frustrações. Desenvolver uma visão clara dos objetivos do seu líder e perceber como suas próprias forças podem ajudar a alcançá-los é crucial.

Promover conversas regulares de alinhamento e evitar erros comuns, como esconder más notícias até o último momento ou não respeitar as preferências de comunicação do gestor, também são práticas essenciais.

Você consegue ver o seu gestor ou gestora como um parceiro estratégico? Se sim, as "visitas do chefe" podem se transformar em oportunidades valiosas para colaboração e crescimento mútuo, em vez de momentos de tensão e frustração.

Provocação # 42 – Qual a diferença entre política e politicagem?

SÓ PODE HAVER UM SOL...

Você já trabalhou em alguma organização em que algum dos pontos abaixo correspondia à realidade?

- "Súditos" buscando ansiosamente descobrir por que "corredores" o "Imperador" irá circular e estar lá para serem notados pelo olhar do Imperador, mesmo que por um breve segundo. Estar no lugar certo e ser notado já justificaria um mês de trabalho.

- O "Palácio" era dividido em facções, todas constantemente disputando espaço entre si, mas sem nunca obter uma vitória definitiva. E era isso que o Imperador desejava. O desperdício de energia nessas contendas políticas garantia que não haveria tempo para alguém questionar o seu reinado.

- Por falar em questões, perguntas eram feitas apenas de cima para baixo, sempre em harmonia com a ascendência hierárquica. Questões fluindo na direção oposta seriam percebidas como o início de uma revolução.

- Sobre a hierarquia: cargos eram distribuídos menos de acordo com a competência do postulante, mas principalmente em função de sua lealdade ao Imperador. Entrelaçadas com a hierarquia formal, havia outras camadas ainda mais ambicionadas de poder: quem tem acesso mais frequente ao Imperador, quais nomes são mais citados por ele em discursos etc.

- Todo gasto, por menor que seja, deveria ser aprovado pelo Imperador. E uma boa ideia só prosperava se Sua Majestade a tratasse como sua.

Todos esses pontos fazem parte do livro *O Imperador*, obra fantástica do jornalista polonês Ryszard Kapuscinski, que descreve os 44 anos no poder de Haile Selassie, na Etiópia.

O livro inspira muitas perguntas provocadoras para quem atua no mundo corporativo moderno. Algumas delas:

- Quanto tempo desperdiçamos imaginando truques para agradar nosso chefe, em vez de verdadeiramente focar, como descrito na provocação anterior deste livro, em construir uma relação produtiva de parceria para entregar resultados relevantes?

- Quanta energia dissipamos confundindo o legítimo exercício de influência e inteligência política com politicagem, ou seja, competições estúpidas e muitas vezes pouco éticas por poder?

- O quanto novas palavras e conceitos moderninhos mascaram a existência continuada de "Impérios" nas empresas modernas?

Essas perguntas nos convidam a refletir sobre a qualidade da liderança em nossas empresas. O caminho para uma gestão eficaz e moderna está na criação de culturas organizacionais em que a confiança mútua é incentivada, em vez de se perpetuarem "Impérios" nos corredores corporativos.

AUTÊNTICOS E INTEIROS

"Líderes promovem uma cultura de aprendizado contínuo e buscam o autoconhecimento. Entendem as dificuldades de virar a chave e se tornar um líder. Constroem resultados com as pessoas, de forma colaborativa e por meio de relações de influência recíproca. E, durante essa caminhada, se posicionam como **indivíduos autênticos e inteiros**."

Provocação # 43 – Que experiências foram essenciais na sua formação?

CIDADES INVISÍVEIS

Aos 20 anos, tudo é possível. Um tio me emprestou um pouco de dinheiro, tranquei a faculdade e fui passar 6 meses na Europa. Nunca tinha saído do Brasil; eu queria a experiência. Para me sustentar, fiz diferentes bicos, desde garçom até lavador de pratos. Minha viagem foi pautada em três cidades.

Roma, a cidade eterna. Mas isso só no sentido em que a única coisa permanente é o inevitável desaparecimento. É nessa cidade que a futilidade das nossas preocupações é celebrada de forma mais bela. A maturidade nos traz a compreensão de que nossos monumentos sobreviverão no máximo como ruínas. Enquanto a estátua de César Augustus aponta para o futuro com arrogância, eu sorrio para uma menina saboreando seu sorvete. Nada é tão grandioso e urgente como imaginamos.

Paris, a cidade luz. Com seus cafés, largas avenidas, mulheres altas e elegantes, e extensas cartas de vinhos. Mas também conhecida como a cidade dos Miseráveis, onde pessoas espremidas tentam sobreviver nos subúrbios pobres como o de Seine-Saint-Denis, perto de onde morei. A verdade é que a sombra sempre acompanha a luz, e como seres humanos vivemos na fronteira entre esses dois extremos. E talvez seja mais belo assim. Não há perfeição iluminada; a busca por criá-la é o começo da loucura.

Londres, onde passei a maior parte do meu tempo, não tem um apelido tão famoso. Não é eterna como Roma, nem tão iluminada como Paris. Mas era o centro do mundo em um dia ensolarado no Hyde Park, onde famílias de Sri Lanka, Malásia, Jamaica, Egito e dezenas de outros países se reuniam para aproveitar o domingo. Um nome, um rótulo, não podem definir tamanha diversidade. As cidades, assim como cada um de nós, não cabem em nenhuma definição simplista. Cada pessoa é um império que se estende por todos os cantos do planeta.

Como escreveu Ítalo Calvino, em *As cidades invisíveis*, "Você se delicia não com as sete ou setenta maravilhas de uma cidade, mas com a resposta que ela dá a uma de suas perguntas".

Nós pensamos que estamos explorando as cidades, mas são elas que nos descobrem. Acreditamos que estamos traçando mapas, mas são eles que nos desenham. As melhores viagens são aquelas que nos levam para dentro de nós mesmos.

E você, quais experiências marcaram a sua formação, te ajudando em reflexões importantes?

Provocação # 44 – Um profissional com depressão desenvolve habilidades importantes?

COMO A DEPRESSÃO PODE AJUDAR LÍDERES

Se você nunca conviveu com a depressão, talvez esta imagem ajude. Tente enxergar uma fileira interminável de soldadinhos de plástico, todos iguais. De repente, um desconhecido dá um peteleco, e em segundos tudo desmorona. Suspeito que a reação à depressão é sempre muito particular. Mas, para mim, ela sempre foi isso: a sensação súbita e sombria de que passado, presente e futuro se encarreiram de forma monótona e sem vida, de que as coisas são frágeis e podem desabar a qualquer momento. E de que nada disso importa.

Um amigo psiquiatra define a depressão como um estado de "mineralização da alma". Viramos pedra, deixamos de sentir. Não é tristeza, ou apenas uma "tristeza mais aguda", como muitos erroneamente acreditam. É bem mais que isso. É uma espécie de quase morte em vida. Felizmente, terapia e/ou medicamentos nos ajudam a lidar com esse quadro.

Mas o objetivo desta provocação não é esmiuçar os possíveis tipos, causas ou tratamentos da depressão, algo que exigiria conhecimentos técnicos que não possuo.

O que gostaria é perguntar: será que algo tão devastador como a depressão pode ter seu lado bom e nos trazer recursos que nos ajudam depois? E esses recursos, ou habilidades, de alguma forma seriam úteis para as melhores organizações?

Estive pensando nessas perguntas. Conversei com colegas que também já "estiveram lá" e arrisco abaixo uma pequena "listinha". Quem conheceu a depressão:

- Entende que a realidade pode ser percebida por meio de diferentes óculos e que alguns são mais produtivos que outros.
- Abandona a fantasia de super-homem ou mulher-maravilha,

se permite ser ajudado e descobre que a vulnerabilidade emocional o torna mais humano.

- Deixa de acreditar na "felicidade Instagram"; todos temos nossas dores. E aí também pode passar a ver com mais empatia e paciência as inevitáveis imperfeições e limites de outras pessoas, premissa essencial de qualquer dinâmica de colaboração.
- Compreende, visceralmente, que mudanças não são apenas possíveis, mas acontecem o tempo todo. Tudo passa!
- E entende que tem o poder, com reflexão e muita dedicação, de mudar seus comportamentos.
- Finalmente, talvez passe a exercitar com mais frequência o ato abençoado de agradecer.

Nada disso acontece de uma hora para outra. É um processo gradual, contínuo, sem fim. E muitas vezes doloroso. Cada *insight* é conquistado à custa de muitos erros. A listinha não vem como um presente automático, é fruto de uma espécie de disciplina consciente diária.

Mas, veja bem, se a listinha fizer sentido, o "funcionário depressivo" não é uma "máquina quebrada" (juro que ouvi esse absurdo de alguém); é, sim, uma pessoa com habilidades potencialmente muito valiosas para qualquer organização.

Tendo conhecido a depressão, você se torna uma pessoa melhor? Acho que não. Mas talvez uma pessoa diferente. Ou mais inteira. Sei lá, nem sei exatamente o que esse "inteira" quer dizer. Só sei que não consigo me imaginar sem a trajetória que a depressão me proporcionou.

Já li sobre a legítima preocupação de que pessoas com histórico de depressão tenham uma recaída em momentos de crise da empresa ou de excessiva turbulência no mercado.

Mas queria aqui propor outra perspectiva. Fico pensando se os que já encararam a depressão paradoxalmente não estão mais preparados para lidar melhor com situações muito difíceis. É só uma hipótese, mas tenho o palpite de que crises externas assustam menos quem já navegou com sucesso em turbilhões internos tão aterrorizantes...

E você, o que pensa? Como a discussão sobre saúde mental tem acontecido na sua empresa? Como você tem contribuído para o debate? Como tem agido em relação a esse tema?

Provocação #45 – Como os livros nos afetam?

QUAL O LIVRO DA SUA VIDA?

O livro que mais marcou minha vida foi *Deserto dos Tártaros*, do italiano Dino Buzzati.

Escrita por volta de 1940, a obra conta a história de Giovanni Drogo, um jovem de cerca de 20 anos que, logo após se formar na academia militar, é enviado ao Forte Bastiani, um posto isolado na fronteira de um país indeterminado, em frente a uma vasta e inóspita planície chamada de "Deserto dos Tártaros".

Inicialmente assombrado pelo isolamento do local, Giovanni decide ficar, gradualmente afeiçoando-se à rotina pacata do forte e agarrando-se à esperança de que, do deserto, surgiria um inimigo, que proporcionaria batalhas heroicas e, finalmente, daria sentido à sua existência. Sem entrar em detalhes sobre o final, ele acaba passando a vida inteira lá, sempre esperando.

É um feito literário escrever sobre o que não acontece, sobre esse vazio. Não há grandes acontecimentos épicos. O livro descreve nossos sonhos, fantasias, a busca de sentido, mesmo que por meio de inimigos imaginários ou através de medíocres jogos cotidianos de competição, vaidade e orgulho.

O livro aborda muitos temas. Fala da tola sede de glória militar, pela qual sacrificamos nossas vidas. Trata do efeito desumanizador da repetição burocrática, à medida que os personagens gradualmente se confundem com as pedras do Forte Bastiani.

Para mim, no entanto, o livro é fundamentalmente sobre a espera, a espera fútil e medrosa enquanto o tempo passa: "o rio do tempo arrastava tudo, pedras e poeira, limava degraus e correntes, mas o nosso tenente acreditava estar à margem da correnteza".

Eu lia o livro pela primeira vez num momento de dúvida, que eu insistia em tratar racionalmente, sobre ter ou não filhos. Será que ser pai significaria que eu não estaria disponível para outras coisas fantásticas que a vida pudesse me oferecer, como viagens ou projetos profissionais imperdíveis?

Algum tempo depois, felizmente, minha esposa e eu decidimos ter nosso primeiro filho. E nunca vou esquecer o momento em que soube que minha esposa estava grávida. Estava no trânsito, recebi a ligação, parei imediatamente o carro, com as pernas tremendo. Uma alegria transbordante tomou conta de mim, uma vontade de abraçar todo mundo na rua, a sensação de estar realmente vivo. Naquele instante, pensei: "Caramba, saí do Forte Bastiani!".

Digo "pensei" por falta de vocabulário adequado; foi uma intuição, um conhecimento superior à razão. Minha alma celebrava a decisão de viver e parar de esperar. Hoje, tenho o gigantesco privilégio de ser pai de duas filhas lindas.

Livros promovem conexões realmente fascinantes. Dino Buzzati faleceu em 1972; eu nasci em 1970. Ele passou a vida no norte da Itália, nunca viajou até a América do Sul. Mas *Deserto dos Tártaros*, de alguma forma mágica, permitiu que nos tornássemos colegas.

Ficam as perguntas:

- Eu li o livro ou foi o livro que me leu?
- A gente vive e depois conta histórias ou precisamos das histórias para viver?
- O livro acaba na última página ou ele continua com as experiências de cada leitor?

Eu só sei uma coisa: lendo, nos tornamos mais autores de nossas vidas.

Provocação # 46 – O que você escreveria para seus filhos?

A LIDERANÇA NOS AJUDA A SERMOS PAIS MELHORES?

O exercício da liderança é uma jornada de evolução constante, de autoconhecimento e desenvolvimento interpessoal. À medida que enfrentamos desafios e crescemos como líderes, descobrimos que esses ensinamentos também podem nos capacitar a sermos pais melhores. Afinal, creio que liderar é, em alguns aspectos, similar à paternidade. Envolve inspirar, apoiar e, acima de tudo, aprender junto. O que você acha?

Foi durante minha trajetória como líder que percebi a profundidade das lições que poderia transmitir para minhas filhas, não apenas como orientações profissionais, mas como fundamentos para uma vida plena e consciente. Refleti bastante sobre isso e resolvi escrever uma cartinha para minhas filhas, que tinham 8 e 12 anos no momento em que escrevi este livro. Nela, compilei uma lista de conselhos que considero preciosos. Espero que de alguma forma sejam úteis para vocês também, líderes que buscam não só o sucesso no trabalho, mas também a harmonia e a felicidade em suas famílias.

Filhas queridas,

Aqui vai uma listinha muito preciosa. São coisas importantes, que tento lembrar para mim mesmo. Muitas vezes não é fácil, mas sempre vale a pena.

1. *Ser desonesto faz muito mal para a saúde.*
2. *A coisa mais linda é aprender algo novo.*
3. *Crescemos aos poucos, tudo é treino.*
4. *Ninguém jamais será perfeito.*
5. *Mais inteligente é quem faz perguntas.*

6. Monstros não existem, são coisas da nossa cabeça.
7. Respire.
8. Ao invés de atacar ou fazer bico, converse.
9. Todos estamos também aprendendo a amar e ser amados.
10. Questione listas que outras pessoas te sugerem e construa a sua própria lista.

Vocês repararam quantos itens da lista falam sobre aprendizado? Pois é, o prazer em aprender é o melhor remédio para as dores da vida.

Ah, o item 1 não abre a lista por acaso. Ética é a base de tudo. E se os pontos seguintes falam de aprendizado, é porque podemos e devemos diariamente também aprender a ser mais éticos, um desafio que engloba nossas relações com as pessoas, todos os seres vivos e o planeta.

Filhas, o seu pai e sua mãe te amam muito!

Liderar é um privilégio. E cada pequena lição que buscamos aprender no exercício da liderança pode trazer um pouco de sabedoria para as novas gerações. Que possamos ser gestores e pais melhores, liderando com o coração e com a mente.

Provocação # 47 – E se olhássemos de modo diferente os divórcios que já vivemos?

O QUE SIGNIFICA ACEITAÇÃO?

Quem já não passou por divórcios? Românticos ou empresariais, rupturas de amizades ou rompimentos de sociedade, eventos passageiros ou solenemente oficiais?

Todos também provavelmente já percorremos as mesmas inúteis estratégias para lidar com as dores desses divórcios. Estratégias que, ao invés de curar a ferida, simplesmente abrem outras.

O se acusar impiedosamente, na linha "a culpa foi toda minha". Ou um lavar a alma jogando a culpa na outra parte, demonizando-a. Ou – e aqui vai a mais dolorosa das estratégias – continuamente comparar futuros para se provar certo: "2 anos depois, quem está mais feliz?", "10 anos depois, quem teve mais sucesso?". Nesta corrida insana, a propaganda é a alma do negócio; é preciso caprichar naquela foto no Instagram. Também faz parte do jogo uma pitada de *schadenfreude*, maravilhosa palavra alemã para "o prazer que sentimos com o infortúnio alheio": "Você viu o que aconteceu com ele? Bem que mereceu!".

Até que chega um dia em que você, cansado, começa a prestar mais atenção em outra palavrinha. Uma palavra recomendada como remédio pelos mais sábios. A palavra aceitação.

Aceitação durante muito tempo me pareceu definir um conceito impotente e derrotista. Claro, para quem está brincando de competir na tal corrida insana tudo é classificado pela lente do perder ou ganhar. A aceitação também pode ser interpretada com um ar de virar a página, mudar de assunto, esquecer e seguir em frente.

Mas não é nada disso.

Aceitar não implica esquecer, o que seria impossível. Todo divórcio é afetivo, no sentido mais literal de que fica eternamente inscrito no nosso mapa particular de episódios que nos afetaram. Como propõe a psicanálise (se assim entendo corretamente), cabe, então, colocar o divórcio em linguagem, falar sobre ele para enfraquecer significações rígidas, em detrimento de outras mais flexíveis e ricas.

Hoje, para mim, o mais belo exemplo de significação rígida é chamar um divórcio de erro. Precisamos ser menos cruéis com nós mesmos. Enxergar-nos com um pouco mais de gentileza. A vida não nos dá a chance de experimentar um caminho junto com outros diferentes simultaneamente, comparando-os para ponderar a melhor direção. Somos jogados no meio da arena, fazendo escolhas o tempo todo sob pressão e com relativamente pouca informação, improvisando sem parar. Como tentou nos dizer o escritor tcheco Milan Kundera, viver é riscar um esboço sem fim, que nunca vira uma obra pronta.

Aceitar não significa esconder de nós mesmos o que ocorreu (não há um erro a ser varrido), nem apenas aprender a suportar a dor (aguentar o tranco é uma definição muito pobre de resiliência, como sugiro em outro texto deste livro). Aceitar é, sim, amar tudo o que vivemos, não trocando por nada cada pedaço da nossa história, enxergando a beleza do que contribuiu para o nosso esboço. Veja bem, isso é mais do que ver o lado bom das coisas; é aceitar a coisa toda, integrando-a como uma parte de quem nós nos tornamos. Creio que esse é o tal *amor fatti*, de que o filósofo alemão Friedrich Nietzsche falava. Enquanto estivermos com o chicote na mão (chicoteando nós mesmos, outras pessoas ou o cavalo de corrida), não vamos ser capazes de evoluir.

A palavra divórcio vem do latim *divertere*, que significa ir em direções opostas. Mas o que nos afeta não se opõe a nós, não foge de nós, vai é para dentro da gente.

Lembro, então, que o vocábulo *divertere* também dá origem à palavra divertimento. Pois bem, desejo que você e eu consigamos rir com mais compaixão e leveza de nossos divórcios. Tenhamos um pouco mais de amor e carinho com nossas vidas, com nossos esboços. Tenhamos, em resumo, mais aceitação.

O que você acha? Que reflexões faz a partir deste texto?

Provocação #48 – Qual o impacto da inveja?

O ELEFANTE NA SALA

O líder que estou entrevistando me conta que os três dentes fraturados são apenas um reflexo visível do peso de competir até mesmo nos seus sonhos. E que a sua gastrite crônica, ao longo dos anos, é apenas mediamente controlada. Ele não aguenta mais.

Desde a infância, somos ensinados a moldar nossa identidade em torno de imagens de sucesso. Um "eu ideal" que tentamos projetar para os outros e, ao mesmo tempo, alcançar. É uma corrida sem fim à vista. O líder é promovido a diretor, mas um antigo colega de faculdade já é presidente de outra organização. Outro líder constrói uma empresa de muito sucesso, mas se tortura porque ela poderia ser ainda maior. Sempre há essa voz interna que compara e sussurra: "Ainda não é suficiente".

Provavelmente, a inveja é um dos ingredientes-chave de um *high performer*. Sim, inveja, essa palavra feia que geralmente preferimos ignorar. "Ah, mas é uma inveja boa, que te motiva a ir além, a traçar e alcançar novos objetivos", dizem alguns, chamando isso de "espírito competitivo". Mentira. Lembro a história da bruxa que aparece para o camponês e promete: "te darei o que quiser, mas saiba que, o que você pedir, darei em dobro para outro morador da aldeia". A triste resposta: "ah, então o meu desejo é que você arranque um dos meus olhos". Se você acha que essa fábula é um exagero, repare como estar melhor que alguém nos consola: "ah, não estou tão mal assim, veja ele...".

A inveja é corrosiva, obsessiva, destrutiva, e anda de mãos dadas com a ansiedade e a culpa. Não precisamos ser impulsionados por ela. Existem motivações muito mais enriquecedoras, como o propósito de fazer a diferença na vida das pessoas e deixar um legado. Ao admitir que vivem esse processo cruel da inveja, líderes dão um passo libertador em direção a mais paz interior.

Essa reflexão também nos leva a pensar sobre as fronteiras entre a autenticidade da vulnerabilidade e sua possível manipulação como um truque ardiloso. Já viu essa cena em uma reunião? O executivo solenemente admite que não sabe tudo, apenas para em seguida fazer uma afirmação categórica que não deixa espaço para o debate. Quando somos mais jovens, o movimento clássico dessa vulnerabilidade manipuladora é se autodeclarar perfeccionista. Em executivos mais experientes, a jogada de segurança é confessar ser *workaholic*.

Vamos ser sinceros, se alguém está trabalhando demais, é provável que por trás disso esteja a inveja. Doze, treze, quatorze horas por dia perseguindo um carro melhor, um bônus maior, mais viagens e reconhecimento do que os colegas.

Há aquela história famosa da soprano Maria Callas. Indagada quanto gostaria de ganhar por uma apresentação no Teatro Scala de Milão, a diva respondeu: "um dólar a mais que o seu mais bem pago artista". Essa anedota revela como aquilo que é valorizado se torna valioso apenas por comparação.

Falamos sobre inveja. O elefante na sala agora é visível. Quem sabe seja possível promover conversas mais autênticas sobre esse tema. Aquele que é mais rápido em acusar alguém de invejoso provavelmente precisa de autoconhecimento. E, no nosso papel de pais, este também é um tema de gigantesca importância. Em tempos de explosão das mídias sociais, o quanto o desejo dos nossos filhos é mediado exclusivamente pelo olhar do outro, por imagens de perfeição que outras pessoas fingem exibir? Falamos sobre inveja em casa? Estamos abordando essa questão de forma autêntica e vulnerável, ou apenas em tom de sermão?

No final, todos acabaremos no mesmo lugar. Então, vamos seguir em frente com mais tranquilidade. Coisas boas só vêm com dedicação e trabalho, mas resultados excepcionais nas empresas e na vida podem, sim, ser conquistados de forma mais saudável. Afinal, o que você acha?

Provocação # 49 – Em que situação você se sente derrotado?

O QUE FAZER QUANDO ALGUÉM É VIOLENTO?

Você escreve um artigo propondo que alguns profissionais têm dificuldade para se organizar. O texto fornece uma série de sugestões práticas que podem eventualmente ajudar essas pessoas, e no final você faz perguntas para convidar o leitor a dar sua opinião, enriquecendo o papo.

E então chega aquele comentário violento. O autor do comentário grita que nem todo mundo é desorganizado ("não foi o que o artigo afirmou!"), destila veneno e critica a sua competência ("opa, de onde veio este soco?") e conclui afirmando que a discussão é incabível e desnecessária (algo na linha: "pra que dialogar, se eu já sei a resposta?").

Nesses casos, costumo respirar fundo e ignorar esse tipo de comentário. Ele semeia o rancor e não contribui para o aprendizado. Se você estiver na dúvida sobre quando se "fingir de surdo" em relação a algum *post* na Internet, sugiro a sigla **DEAF** (surdo, em inglês). Desista de tentar uma troca madura de ideias quando:

- A outra pessoa continuamente **D**eturpa o que você disse.
- Traz **E**nergia negativa, na forma de ironia agressiva ou deboche gratuito.
- Realiza **A**taques pessoais a você.
- E **F**inaliza a discussão de maneira arrogante.

E com as pessoas do nosso convívio fora da Internet?

O que fazer com aquela pessoa muito difícil? Se você não oferece ajuda, ela reclama de estar sobrecarregada. Se você oferece ajuda, é repreendido por parecer pretensioso. Quando você propõe uma conversa, ela já rejeita a oferta suspeitando de manipulação. Quando você sugere um diálogo mais racional, ela aponta seu suposto desinteresse emocional... um ciclo interminável.

E a pessoa difícil usualmente se vê dona de todas as certezas. Embutida nos exemplos acima, e alimentando-os, está uma convicção dogmática, que não aceita alternativas ou se abre a novos fatos e evidências. A pessoa já sabe de tudo... sempre.

Claro, mesmo assim tento aplicar todas as boas práticas de colaboração que conheço, caminhos que trouxeram resultados em situações semelhantes. Mas nada adianta.

Pois é, quando uma pessoa não quer, dois não dançam. Seguimos o baile sozinhos, buscamos outros caminhos de ação, tentamos construir alianças com outras pessoas. Porque podemos influenciar a construção de melhores relações, mas não controlamos a reação do outro.

Nessas situações, juro que me sinto derrotado. E muitas vezes culpado, por não me esforçar mais.

E você? Como costuma se sentir e agir nessas situações?

Outras reflexões que me provocam muito: há pessoas que me enxergam como uma pessoa difícil? Antes de apontar o dedo para os outros, estou olhando para mim mesmo? Tenho a capacidade de reconhecer quando escorrego nos comportamentos que este texto descreve?

Provocação # 50 – Esse papo sobre liderança humana é só um truque?

O QUE O TRABALHO REALMENTE SIGNIFICA PARA VOCÊ?

Aldous Huxley era um escritor inglês que sabia ser provocativo e nos fazer pensar. Há quase um século, em 1928, ele publicou *Contraponto*, um romance que depois passou a figurar em muitas listas dos 100 melhores livros do século XX.

Pois bem, no capítulo 23 da obra, um dos personagens fala sobre o que realmente o trabalho significa para ele. Por favor, leia quatro pequenos trechos que selecionei desse discurso:

> 1 – "O primeiro passo é fazer as pessoas reconhecerem que são idiotas e máquinas durante as horas do trabalho".

> 2 – "Não se deixem enganar pelos patifes cheios de unção que falam da santidade do trabalho e do serviço que os homens de negócio prestam aos seus semelhantes. Tudo isso são mentiras".

> 3 – "Se vocês acreditam na santidade do trabalho, vocês se transformarão simplesmente em idiotas mecanizados durante vinte e quatro horas, das vinte e quatro que têm um dia. Reconheçam que o trabalho é infecto, tampem o nariz, dediquem-se a ele durante oito horas e depois concentrem-se em si mesmos para ser, nas horas de folga, seres humanos verdadeiros".

> 4 – "É muito desagradável, eu sei. É humilhante, é repugnante. Mas aí está...temos que trabalhar, de outra maneira toda a estrutura do mundo se fará em pedaços e nós morreremos de fome".

Caramba, que texto agressivo. Assustador. Deprimente até. Mas com certeza provocativo.

Pense um minuto: se no fundo o líder enxergar toda a narrativa atual sobre engajamento e propósito como apenas uma cilada, como um "embuste corporativo", quais as consequências para a sua liderança?

Dito de outra forma: se tivermos um olhar cínico para o significado do trabalho, que direito temos de buscar exercer uma liderança inspiradora?

No final, ficam as perguntas: no que você <u>realmente</u> acredita como líder? Baseado nessas crenças, você poderia estar fazendo algo de diferente? O que o trabalho poderia e deveria ser para as pessoas?

Em resumo, passados quase 100 anos da publicação do livro de Aldous Huxley, qual o SEU "contraponto"?

Provocação # 51 – E se *work-life balance* for pouco?

EU DISCORDO DA IDEIA DE *WORK-LIFE BALANCE*...

Inicialmente, admito que essa expressão foi útil para destacar a importância de estabelecer limites. Ninguém merece receber *e-mails* do chefe às 11 da noite.

No entanto, acho que deveríamos trazer mais vida para o nosso trabalho, em vez de separar as coisas como se não fosse possível desfrutar da vida enquanto trabalhamos. É triste apenas sobreviver de segunda a sexta nas empresas e deixar o "sobre viver" apenas para o final de semana.

Acredito que deveríamos falar mais sobre como construir um propósito claro no trabalho, nos conectar com as pessoas e estar abertos ao aprendizado constante.

Podíamos também falar mais sobre integração, esquecendo esse modelo de separação da vida em compartimentos rígidos. Por exemplo: como, ao evoluir como líder no trabalho, me torno um pai melhor? E como o caminho inverso também pode ser rico?

Balance? Essa ideia de equilíbrio é uma meta irrealista que só nos faz sentir culpados. A vida é cheia de altos e baixos e é perfeitamente normal dedicar mais tempo a um aspecto do que a outro em determinados momentos. E está tudo bem!

Equilíbrio também transmite a ideia equivocada de tentar estar em dois lugares ao mesmo tempo. É como tentar brincar com minhas filhas enquanto "equilibro isso com uma atenção ao trabalho" respondendo mensagens de clientes no WhatsApp – uma verdadeira confusão.

Sugiro deixar de lado essa mentalidade de "equilíbrio" e adotar uma abordagem mais significativa: "Vida em Todo Lugar". Viver intensamente e realmente estar presente em todos os aspectos da vida é mais gratificante do que tentar equilibrar tudo de forma forçada.

O que você acha?

Provocação # 52 – Como queremos que seja o final da nossa jornada de liderança?

METÁFORAS

Depois de tantos anos ansiando por este momento, Flávio finalmente se aposenta de sua carreira corporativa como líder. Uma sensação de alívio o invade. Mas será que é realmente isso? Vagando pela casa como um fantasma, cada minuto parece uma eternidade, e ele se pergunta: onde está a felicidade que tanto esperava? Tentando se interessar por *hobbies*, até mesmo uma ida à padaria se transforma em um evento. No entanto, o vazio persiste.

Perdido, ele sente que até seu próprio nome perdeu o significado: ele era "Flávio, da empresa tal". Além disso, nenhum de seus antigos colegas de trabalho retorna suas ligações. O que está acontecendo?

Para encontrar uma resposta, vou utilizar uma metáfora proposta pelo genial filósofo esloveno Slavoj Zizek, que frequentemente se baseia nas teorias de Lacan.

Pense no jogo de xadrez. As regras que governam o movimento de cada peça representam a parte simbólica de nossa vida. Este simbolismo se refere aos contratos e às normas culturais que seguimos, muitas vezes inconscientemente, para nos comportarmos socialmente.

Mas o jogo vai além disso. As peças de xadrez são adornadas com imagens de guerra e poder (a torre, o rei...), reforçando conceitos de conquista, autoridade e dominação. Ao redor dos grandes campeões, mais imagens são coladas: dedicação, inteligência, sucesso. Todas essas imagens se fortalecem mutuamente nesse espaço imaginário, direcionando nosso desejo de competir e vencer.

Seguindo essa metáfora, o que chamamos de "realidade da vida corporativa" seria o próprio jogo de xadrez contra cada oponente individual. Mas aqui está o ponto crucial. Se o jogo se move através das regras acordadas (que poderiam ser diferentes) e de um espaço imaginário, então essa realidade é apenas uma grande ficção, uma espécie de peça teatral que encenamos com tanto afinco que acabamos acreditando nela.

Sim, porque o que resta quando a partida de xadrez termina e os jogadores vão embora, deixando as peças inanimadas sobre o tabuleiro? O que permanece, é difícil admitir, é o grande vazio do qual nosso colega aposentado reclama.

Esse vazio é parte intrínseca da jornada humana: todos nós estamos sempre em cima do palco, declamando nossos papéis. E nos assustamos quando a plateia se esvazia.

Pensando no caso particular da liderança, vou propor mais uma metáfora. Lembra-se da história infantil sobre a nova roupa do rei? Adaptando para líderes: o alfaiate espertalhão diz ao monarca que criou um conjunto de roupas especiais, que só os grandes líderes podem ver. O rei não pode deixar isso passar e rapidamente finge vestir a roupa, adotando imediatamente o novo vestuário. Enquanto desfila diariamente pela cidade, na verdade totalmente nu, os súditos também simulam acreditar na roupa, elogiando-a sem parar. Afinal, é o rei que está ali! Mas, anos depois, quando o rei finalmente passa a coroa para um sucessor, e o poder simbólico associado ao cargo se vai, a verdade vem à tona: o rei esteve sempre nu!

O grande *insight* para líderes como Flávio talvez esteja em não esperar pela aposentadoria, para que apenas lá na frente descubramos o tal vazio do jogo corporativo.

O desafio é construir HOJE um significado mais autêntico para o exercício da liderança. Encarar o vazio não como uma lacuna a ser preenchida por mais conquistas, mas sim como uma tela em branco onde podemos pintar novos significados que transcenderão as imagens e os símbolos do teatro empresarial tradicional.

Pare um momento para refletir: o que, hoje, realmente te impulsiona a liderar? Cada vez mais poder e sucesso? Ou a chance de realmente ter relações de colaboração significativas com as pessoas? Porque são essas relações que geram aprendizado, conexões verdadeiras, legado, sentido. E menos vazio.

NÃO TEM FIM...

Uma das mais interessantes viagens de estudos que fiz com a consultoria Atingire foi para a Finlândia, um país mundialmente reconhecido por suas boas práticas em educação.

Nunca mais me esquecerei de uma aula a que assisti. Era uma classe de crianças de 13 anos; estavam aprendendo sobre a Segunda Guerra Mundial.

Na minha época de escola, era aquela "decoreba" terrível: quais eram os países envolvidos, os principais personagens, as datas das maiores batalhas etc.

Mas o que presenciei na Finlândia foi totalmente diferente. Os alunos estavam em uma roda e a professora propunha perguntas:

— Pessoal, como vocês acham que uma família francesa estava se sentindo no início da guerra? Como um soldado alemão reagiu ao que ocorreu? No lugar do primeiro-ministro inglês, que decisão vocês teriam tomado? O que todo esse conflito nos ensina sobre como podemos lidar melhor com nossas disputas aqui na sala?

As indagações continuavam e todos se envolviam no debate. Impressionado, em dado momento não aguentei e questionei meu tradutor (claro, não falo finlandês):

— E as datas das batalhas? A professora não vai falar sobre isso?

A resposta foi inesquecível:

— Para quê? Isso é fácil de encontrar no Google.

Resumo da ópera: a "matéria" era apenas um insumo para as crianças aprenderem o que realmente importa. Observar com atenção, fazer perguntas, refletir, discutir. Imaginar possibilidades, propor novas perguntas, fazer acontecer...

É a AI humana em ação.

A atenção delimita o ponto de partida, enquanto a imaginação estende a mão para o ponto de chegada. A atenção é um testemunho de humildade que prestamos às circunstâncias, enquanto a imaginação demonstra nossa determinação em não ficar presos a elas. O que move os seres humanos é a combinação da atenção e da imaginação: a primeira mobiliza nossa vontade, enquanto a segunda visualiza caminhos de ação.

Esse processo tem o carinhoso apelido de aprendizado. Uma jornada que não tem fim.

Ainda bem.

E aí, qual é a sua provocação número 53?

JÁ QUE NÃO TEM FIM...

Frequentemente, em algum *workshop* com líderes, ouço a mesma pergunta:

– Jucá, quero continuar me desenvolvendo. Você pode me indicar algum livro sobre liderança?

Responder é um desafio, especialmente sem conhecer mais sobre a pessoa que está perguntando.

Tudo o que posso fazer é sugerir os livros que mais impactaram a minha própria jornada. E é isso que vou tentar fazer aqui. Para complementar a proposta deste livro de 52 provocações, uma para cada semana do ano, vou sugerir 12 livros, de janeiro a dezembro.

Saiba que este é um exercício injusto por natureza. Finalizo a lista e já me arrependo das inúmeras obras marcantes que deixei de fora!

1. *Liderança no Fio da Navalha*, de Ronald Heifetz e Marty Linsky

Este livro oferece uma perspectiva inovadora sobre como liderar em tempos de crise e incerteza. Heifetz é um mestre. Junto com Linsky, ele explora as nuances da liderança.

2. *Being the Boss*, de Linda Hill

Extremamente útil para jovens líderes, este livro desmistifica os primeiros desafios da liderança. Tive a honra de ter Linda Hill como minha professora. Neste livro, ela oferece orientações práticas e valiosas baseadas em sua vasta experiência.

3. *Pense de Novo*, de Adam Grant

Grant explora a importância de reconsiderar e desaprender suposições antigas para se adaptar a novos desafios. Este livro é uma joia rara que incentiva a flexibilidade mental e o aprendizado constante.

4. *The Scout Mindset*, de Julia Galef

Como já disse em uma das provocações desta obra, Galef argumenta que adotar a mentalidade de um explorador – sempre curioso e disposto a questionar – pode transformar a forma como lideramos e tomamos decisões. Excelente livro.

5. *Guia de Sobrevivência da Cultura Corporativa*, de Edgar Schein

Tudo o que Schein escreveu é inteligente e marcante. Este clássico oferece *insights* profundos sobre como entender e influenciar a cultura de uma organização.

6. *Thinking in Systems: A Primer*, de Donella Meadows

Meadows apresenta uma introdução essencial ao pensamento sistêmico, um modo de análise que pode mudar a forma como os líderes abordam problemas complexos. Este livro é uma ferramenta poderosa para uma liderança mais estratégica e eficaz.

7. *O Dilema da Inovação*, de Clayton Christensen

Um clássico sobre estratégia e inovação. Christensen analisa como empresas estabelecidas podem perder espaço para inovadores ágeis. Vale ler e reler.

8. *The Happiness Hypothesis*, de Jonathan Haidt

Haidt se alimenta de conceitos da psicologia positiva para explorar como as emoções e os relacionamentos moldam nossa experiência humana. Valiosa obra para apoiar a criação de ambientes de trabalho mais humanizados e produtivos.

9. *Empatia Assertiva*, de Kim Scott

Este excelente livro aborda a importância de equilibrar empatia com assertividade nas interações diárias. Continuo usando-o quase diariamente. Extremamente útil.

10. *Tipos de Poder*, de James Hillman

Hillman foi um gênio. Com sua abordagem junguiana, oferece um olhar fascinante sobre a dinâmica de poder nas organizações. Uma leitura profunda e reflexiva para líderes interessados na psicologia aplicada ao ambiente corporativo.

11. *Uma Questão de Caráter*, de Joseph Badaracco Jr.

Badaracco discute desafios de liderança através de grandes obras literárias, oferecendo *insights* sobre dilemas éticos e morais. Um livro que convida líderes a refletir sobre caráter e integridade.

12. *Grande Sertão: Veredas*, de Guimarães Rosa

Aprenda com Joca Ramiro, Medeiro Vaz, Zé Bebelo, Riobaldo e outros líderes (ou chefes?) desta obra-prima da literatura brasileira. Um convite para explorar as complexidades da liderança em um livro estupendo.

VAMOS CONTINUAR CONVERSANDO?
UM POUCO SOBRE O AUTOR

Meu pai é psiquiatra e minha mãe sempre teve como *hobby* a pintura de quadros. Acho que, desde muito cedo, tive bons exemplos de atenção e imaginação.

Sou casado com a Paula e, juntos, cultivamos, nos divertimos e aprendemos em dois jardins maravilhosos: nossas filhas Bruna e Rafaela.

Gosto demais de futebol, literatura, viajar, xadrez e redes (incluindo aquelas que se esticam entre duas árvores).

Sou formado em Administração pela FGV, onde também realizei meu Doutorado. Ao longo dos anos, fiz inúmeros cursos: Harvard, MIT, Columbia, Northwestern, entre outros.

Em 2011, juntamente com Edil e Ruy, ajudei a fundar a Atingire, uma consultoria de educação corporativa que se propõe a apoiar líderes a atingir resultados com as pessoas e já realizou programas em centenas de empresas, impactando dezenas de milhares de profissionais. Fizemos também muitas viagens de estudo ao redor do mundo: Finlândia, Holanda, Japão, Índia...

Ao longo dos anos, constatei que os melhores facilitadores são aqueles que despertam a curiosidade e a vontade de agir. Eles abrem o apetite, ao invés de saciar a fome.

Minha grande paixão profissional é estudar e discutir liderança: o que exatamente é esse fenômeno? O que um verdadeiro líder faz? Que impactos a liderança traz para organizações e outras pessoas?

Já escrevi alguns livros, como autor ou coautor. O mais querido deles é a obra *Expertise em Aprender*, lançada pela Editora Papirus.

Com os vários colegas da Atingire, também produzimos uma dezena de livros próprios, usados com exclusividade em nossos treinamentos.

Se você também gosta de escrever e falar sobre liderança, me mande uma mensagem. Meu e-mail é juca@atingire.com. No LinkedIn: Fernando-juca-lideranca. No Instagram: @Atingireoficial.

Até breve!

RÁPIDOS E SINCEROS AGRADECIMENTOS

Primeiramente, quero expressar meu sincero agradecimento ao Fabio Humberg, da Editora CL-A, que acreditou neste livro desde o primeiro momento.

Agradeço também ao Jaime Troiano, meu mentor de longa data, cujo apoio é sempre inestimável.

Meus profundos agradecimentos vão também aos clientes da Atingire e aos meus colegas de trabalho, que me ensinam sobre liderança todos os dias. Menções especiais para Edilberto Camalionte, Ruy Bilton, Cristiane Celeguim, Paula Artioli, Edson Procópio, Antonieta Christovam, Hélio Gianotti e Eduardo Strang.

Finalmente, agradeço aos quatro excelentes profissionais e líderes – Almir, Francisco, Gustavo e Vanessa – que gentilmente leram o livro e deixaram seus depoimentos.

Editor: Fabio Humberg
Capa e Diagramação: Alejandro Uribe
Revisão: Humberto Grenes, Cristina Bragato e Rodrigo Humberg

Dados Internacionais de Catalogação na Publicação (CIP)
(Câmara Brasileira do Livro, SP, Brasil)

Jucá, Fernando
  Fronteiras da liderança : como cultivar uma liderança mais humana na era da inteligência artificial? / Fernando Jucá. -- 1. ed. -- São Paulo : Editora CL-A Cultural, 2024.

  ISBN   978-65-87953-64-9
  e-ISBN 978-65-87953-65-6

  1. Administração 2. Inovação tecnológica 3. Inteligência artificial 4. Liderança I. Título.

  24-219684   CDD-658.4092

Índices para catálogo sistemático:
1. Liderança : Administração   658.4092
(Eliane de Freitas Leite - Bibliotecária - CRB 8/8415)

Editora CL-A Cultural Ltda.
Tel.: (11) 3766-9015 | Whatsapp: (11) 96922-1083
editoracla@editoracla.com.br | www.editoracla.com.br
linkedin.com/company/editora-cl-a/
instagram.com/editoracla |
www.youtube.com/@editoracl-acultural691